1

ΤΙΤΛΟΣ : ΙΣΧΥΡΕΣ ΑΛΗΘΕΙΕΣ – ΑΝΙΣΧΥΡΟΙ ΗΓΕΤΕΣ

POWERFUL TRUTHS – UNPOWERFUL LEADERS

ΣΥΓΓΡΑΦΕΑΣ: ΠΑΝΑΓΙΩΤΑ ΜΠΛΕΤΑ

ΦΩΤΟΓΡΑΦΙΕΣ: ΝΙΚΟΣ ΠΑΤΣΙΑΟΥΡΑΣ

ΙΑΝΟΥΑΡΙΟΣ 2015

bletas.p1@gmail.com

Facebook/Twitter : Panagiota Bletas

ΙΣΧΥΡΕΣ ΑΛΗΘΕΙΕΣ –ΑΝΙΣΧΥΡΟΙ ΗΓΕΤΕΣ

POWERFUL TRUTHS-UNPOWERFUL LEADERS

ΠΑΝΑΓΙΩΤΑ ΜΠΛΕΤΑ

3

ΠΕΡΙΕΧΟΜΕΝΑ

ΒΙΟΓΡΑΦΙΚΟ ΣΗΜΕΙΩΜΑ

Σε αυτό το βιογραφικό μονόλογο , θα προσπαθήσω να παρουσιάσω όλες τις πτυχές όχι μόνο του επαγγελματικού και πνευματικού μου χαρακτήρα, αλλά και του ανθρώπινου, καθώς αυτός με καθορίζει συνολικά, στην πορεία μου στη ζωή.

Γεννήθηκα στη Λακωνία, από όπου και πήρα το μαχητικό πνεύμα του Λεωνίδα, που εμφανίζεται πιο έντονα στο δεύτερο βιβλίο μου "UNFUCKTHEWORLD", σε ελεύθερη μετάφραση «ΕΛΕΥΘΕΡΩΣΤΕ ΤΟΝ ΚΟΣΜΟ». Είμαι πολύ περήφανη για τη γενέτειρά μου γι' αυτό και ξεκίνησα την παρουσίαση του δεύτερου βιβλίου μου από τη Λακωνική γη. Μεγάλωσα σε έναν άλλο επίσης ιστορικό τόπο το Χαλάνδρι ,κοντά στο περίφημο θέατρο της Ρεματιάς.

Είχα την τύχη να κάνω εξαιρετικές σπουδές και στο πρώτο πτυχίο αλλά και στο μεταπτυχιακό, σε μεγάλα πανεπιστήμια της Νέας Υόρκης, καθώς επίσης και να ζήσω την έντονη πολυεπίπεδη Νέα Υόρκη, την Μέκκα της επιχειρηματικότητας αλλά και της τέχνης σε όλο της το μεγαλείο, να γνωρίσω πολλούς και διαφορετικούς ανθρώπους, να κάνω υπέροχους φίλους και να ανταλλάξω κουλτούρα, παράδοση, ιδέες…

Στην πολιτική μου πορεία δραστηριοποιήθηκα στο χώρο της Τοπικής αυτοδιοίκησης όπου και διακρίθηκα:

• Αντιδήμαρχος Χαλανδρίου - Πρόεδρος των Δημοτικών Επιχειρήσεων Πολιτισμού και Ανάπτυξης στο Δήμο Χαλανδρίου

• Δημιούργησα το πρώτο Δημοτικό Κ.Ε.Π. –Κέντρο Εξυπηρέτησης του Πολίτη στην Ελλάδα –Κ.Ε.Π. Χαλανδρίου

• Υποψήφια Νομάρχης-Νομός Λακωνίας. Επικεφαλής Νομαρχιακής Παράταξης

• Εξέδιδα πρότυπο Newsletter με τα Ευρωπαϊκά προγράμματα που αφορούσαν ανέργους, αγρότες, ελεύθερους επαγγελματίες, επιχειρηματίες κτλ. και προώθησα την απορρόφησή τους στην νομό

Στην επαγγελματική μου πορεία :

• Συνεργάστηκα με μεγάλους επιχειρηματικούς ομίλους, που δραστηριοποιούνται στο χώρο της έρευνας , επικοινωνίας, των call centers ,των συμβουλευτικών υπηρεσιών, της επαγγελματικής εκπαίδευσης καθώς και της εστίασης αναλαμβάνοντας υψηλές διοικητικές θέσεις.

• Σχεδίασα και υλοποίησα προγράμματα, με σημαντικά ωφέλιμη αξία για το Ελληνικό κοινό –Γραμμή Ενημέρωσης σεισμόπληκτων 0800-18000, Γραμμή Εξυπηρέτησης Πολιτών 1464 κτλ

Τα τελευταία χρόνια ασχολούμαι με την αρθρογραφία και τη συγγραφή. Έχουν εκδοθεί: τα πολιτικά βιβλία «ΙΣΧΥΡΕΣ ΑΛΗΘΕΙΕΣ-ΑΝΙΣΧΥΡΟΙ ΗΓΕΤΕΣ», «ΟΙ ΠΕΝΗΝΤΑ ΑΠΟΧΡΩΣΕΙΣ ΤΟΥ ΠΟΛΕΜΟΥ», το οικονομικό δοκίμιο «ΤΟ ΔΟΓΜΑ ΤΗΣ ΦΤΩΧΕΙΑΣ» και τέσσερις ποιητικές της συλλογές «UNFUCK GREECE», «ΓΡΑΜΜΑΤΑ ΣΕ ΜΙΑ ΧΑΜΕΝΗ ΠΑΤΡΙΔΑ», «UNFUCK THE WORLD» (έχει εκδοθεί και στα αγγλικά) και «ΓΥΜΝΕΣ ΕΞΟΜΟΛΟΓΗΣΕΙΣ».

Αντί για πρόλογο, αποφάσισα να προβάλω μια φωτογραφία από graffiti σε δρόμο της Αθήνας, με τους στίχους ενός ανώνυμου ποιητή...

ΔΗΜΟΣΙΕΥΣΕΙΣ

Τα άρθρα δημοσιεύτηκαν και αναδημοσιεύτηκαν σε μεγάλα και μικρά sites, σε έντυπες και διαδικτυακές εφημερίδες, καθώς και σε πολλά blogs, εγχώρια και ξένα.

Ενδεικτικά αναφέρω:

WWW.NEW-DEAL.GR

WWW.NOW24.GR

WWW.DIMOI-NEWS.GR

WWW.LEFESPEED.GR

WWW.TRIBUNE.GR

Η ΣΦΗΚΑ

ΑΝΕΜΟΣ ΑΝΤΙΣΤΑΣΗΣ

ΑΜΕΙΝΙΑΣ Ο ΠΑΛΛΗΝΕΥΣ

ΠΟΛΙΤΙΚΕΣ ΚΑΙ ΠΟΛΙΤΙΣΜΙΚΕΣ ΣΥΖΗΤΗΣΕΙΣ

ΑΧΑΡΝΑΙΚΗ

Και πολλά άλλα...

ΤΟΥΣ ΕΥΧΑΡΙΣΤΩ ΟΛΟΥΣ

ΠΟΛΥΕΘΝΙΚΗ ΠΛΗΓΗ ΤΗΣ ΠΑΓΚΟΣΜΙΑΣ ΟΙΚΟΝΟΜΙΚΗΣ ΚΑΙ ΚΟΙΝΩΝΙΚΗΣ ΙΣΟΡΡΟΠΙΑΣ

Το καπιταλιστικό σύστημα σε μια στρατηγική αποδόμησης της Δημοκρατίας ανά τον κόσμο, όχι μόνο επικουρεί, αλλά και επωάζει το σύστημα, μέσα στο οποίο η οικονομία θα λειτουργεί παντελώς ελεύθερη, χωρίς έλεγχο και αξιολόγηση των αποδόσεων της στον ανθρώπινο παράγοντα. Στόχος του κεφαλαίου είναι να κυριαρχήσει η οικονομία, και να καθυποτάξει τη δημοκρατία, θέτοντάς την στην υπηρεσία που χαράσσει η δυναμική των συμφερόντων, που συγκροτούν το σάπιο οικονομικό οικοδόμημα, που έχει χτίσει με κόπο το κεφάλαιο στις πλάτες και στον μόχθο των λαών. Έτσι τα κράτη αποδυναμώνονται και παύουν να ελέγχουν την μη υγιή οικονομική δραστηριότητα του κεφαλαίου και των πολυεθνικών.

Με τέτοια λογική δημιουργήθηκε και η TTIP, η οποία συνίσταται στην πλήρη απορύθμιση/ απελευθέρωση των αγορών, με στόχο να επιβάλλει στα κράτη να υποτάξουν την οικονομία τους όχι στον υγιή ανταγωνισμό, αλλά όπως αυτός ερμηνεύεται από τις πολυεθνικές. Οι διαπραγματεύσεις που γίνονται αυτή τη στιγμή (5ος γύρος της Ουάσινγκτον) στο πλαίσιο της «Διατλαντικής Εμπορικής και Επενδυτικής Εταιρικής Σχέσης (TTIP)», μεταξύ Αμερικής και Ευρώπης, για τη δημιουργία ελεύθερης ζώνης εμπορίου και χρηματιστικών συναλλαγών, έχουν ακριβώς αυτό το αντικείμενο.

Σύμφωνα με τον καθηγητή Οικονομικών και Κοινωνικής Πολιτικής του Πάντειου Πανεπιστημίου Αθηνών Σάββα Ρομπόλη, το προτεινόμενο σύμφωνο είναι η μεγαλύτερη συμφωνία ελεύθερου εμπορίου που επιτεύχθηκε ποτέ στον κόσμο.

Καλύπτει το 12% του πληθυσμού (821 εκατ.), το 50,0% της παραγωγής, το 30,0% εμπορίου, και το 20,0% των ξένων επενδύσεων, παγκοσμίως. Επιπλέον, 75.000 πολυεθνικές (24.000 ΕΕ και 50.800 ΗΠΑ) θα δραστηριοποιούνται στο πλαίσιο του συμφώνου.

Ουσιαστικά, η καινοτομία που εγκαινιάζει η TTIP είναι ότι θα επιτρέπεται στις πολυεθνικές να οδηγήσουν μια χώρα σε εξωθεσμική διαιτησία, αν κρίνουν ότι οι δημόσιες πολιτικές χώρας μέλους περιορίζουν την εμπορική τους εξάπλωση και τα προσδοκώμενα κέρδη.

Τίθεται το ερώτημα, πώς μπορεί ευρωπαίος πολίτης να φανταστεί, ότι οι πολυεθνικές θα μπορούν να σύρουν σε εξωθεσμικά δικαστήρια δημοκρατικά εκλεγμένες κυβερνήσεις. Το επίδικο η καταβολή γενναίων αποζημιώσεων για διαφυγόντα κέρδη, όταν κρίνουν ότι οι παρεμβάσεις των κυβερνήσεων σε κλάδους δημόσιου συμφέροντος (π.χ. υγεία, ενέργεια, παιδεία, νερό, μεταφορές, περιβάλλον κ.λπ.) θίγουν τον ανταγωνισμό. Έχει εκτιμηθεί ότι, για αντίστοιχες συμφωνίες π.χ. ΗΠΑ- Λ. Αμερική, για κάθε υπόθεση το κράτος-παραβάτης ξοδεύει, κατά μέσο όρο, 8 εκατ. δολάρια τα οποία βαρύνουν τους κρατικούς προϋπολογισμούς. Οι υποθέσεις αυτές μάλιστα από το 2000 έχουν δεκαπλασιαστεί.

Το πιο ανησυχητικό όμως από όλα, όπως τεκμαίρεται μέσα από την μελέτη του καθηγητή, είναι ότι δημόσιες πολιτικές, όπως η μεταναστευτική πολιτική, η διαχείριση της διατροφικής αλυσίδας, η προστασία των προσωπικών δεδομένων, τα επίπεδα των μισθών και των κοινωνικών παροχών, οι όροι υγιεινής και ασφάλειας των εργαζομένων, η δημόσια υγεία, η προστασία του περιβάλλοντος κ.λπ., θα ορίζονται πλέον μέσω της TTIP. Οι πολίτες δηλαδή και δη τα κράτη, θα γίνουν συνέταιροι στα δημόσια αγαθά τους με το πολυεθνικό κεφάλαιο. Αυτά συμβαίνουν, όταν η πολιτική δεν θέτει τους κανόνες και τα όρια του οικονομικού παιχνιδιού και των χρηματαγορών, όταν η οικονομία προπορεύεται της πολιτικής, προκειμένου να επιβάλει τους κανόνες της, σε ένα συναλλακτικό παιχνίδι άνισων όρων για τον πολίτη.

ΑΥΤΑ ΣΥΜΒΑΙΝΟΥΝ, ΟΤΑΝ Η ΔΗΜΟΚΡΑΤΙΑ ΔΕΝ ΘΕΣΠΙΖΕΙ ΤΑ ΠΛΑΙΣΙΑ, ΜΕΣΑ ΣΤΑ ΟΠΟΙΑ ΘΑ ΚΙΝΕΙΤΑΙ ΚΑΙ ΑΝΑΠΤΥΣΣΕΤΑΙ Η ΟΙΚΟΝΟΜΙΑ ΑΛΛΑ ΤΟ ΑΝΤΙΣΤΡΟΦΟ…

Η ΑΝΤΙΣΤΑΣΗ ΤΗΣ ΟΥΓΓΑΡΙΑΣ ΝΑ ΓΙΝΕΙ ΠΡΟΤΕΚΤΟΡΑΤΟ ΤΗΣ ΔΥΣΗΣ / ΑΝΤΙΔΡΑ Η ΟΥΓΓΑΡΙΑ ΣΤΗ ΣΚΛΗΡΗ ΚΗΔΕΜΟΝΙΑ ΤΩΝ ΕΥΡΩΠΑΙΩΝ

Η πολιτική τρομοκρατίας της Γερμανίας και των ΗΠΑ, προκειμένου να περιφρουρήσουν τα κυριαρχικά και οικονομικά τους οφίτσια, έχει κι άλλους αποδέκτες, εκτός από την Ελλάδα. Ένας από αυτούς είναι και η Ουγγαρία, λόγω των θερμών σχέσεων που έχει συνάψει με τη Μόσχα. Απόδειξη αποτελεί η στάση της Ουάσιγκτον, που απαγόρευσε πρόσφατα την είσοδο σε αρκετούς υψηλόβαθμους Ούγγρους, στις Ηνωμένες Πολιτείες.

Η Ευρωπαική Ένωση και οι ΗΠΑ ανησυχούν, ότι η Βουδαπέστη έρχεται όλο και πιο κοντά στην Μόσχα, με αποτέλεσμα να δηλώνει απροθυμία να υποστηρίξει τις κυρώσεις κατά της Ρωσίας, που προσπαθούν να επιβάλλουν.

Ο επικεφαλής της Ουγγρικής κυβέρνησης έχει επανειλημμένα στηλιτεύσει την επιβολή περιορισμών εναντίον της Ρωσίας, διατυπώνοντας επίσημα την άποψη, ότι η Ευρώπη δεν μπορεί να λειτουργήσει χωρίς την Ρωσία και καλεί τις Βρυξέλλες να αποζημιώσουν τους αγροτικούς παραγωγούς για τις τεράστιες απώλειες που υπέστησαν, λόγω του εμπάργκο κατά της Ρωσίας.

Η ΕΕ, από την άλλη μεριά, προσπαθεί να εισβάλλει στα εσωτερικά της Ουγγαρίας, έτσι ώστε να ασκεί έμμεσα την διακυβέρνηση της χώρας, όπως ακριβώς έχει κάνει και με άλλες χώρες μέλη, όπως η Ελλάδα, θέτοντας σε κίνδυνο την οικονομία της χώρας, με αποτέλεσμα η Ουγγαρία, στην προσπάθεια της να προβάλλει αντίσταση, να σκέπτεται το μέλλον της ακόμη και εκτός Ευρωπαικής Ένωσης.

Οι κινήσεις της Ουγγαρίας, προξένησαν ιδιαίτερη ανησυχία όμως και στην Πολωνία, έναν από τους πιο ένθερμους υποστηρικτές των κυρώσεων κατά της Ρωσίας. Η Πολωνία και η Ουγγαρία, μαζί με την Τσεχική Δημοκρατία και τη Σλοβακία , είναι μέλη της Ομάδας Βίσεγκραντ , μια πολιτικής και στρατιωτικής συμμαχίας των χωρών της Κεντρικής Ευρώπης . Η ουκρανική κρίση επιδείνωσε τις υπάρχουσες διαφορές εντός της ομάδας, που θέλουν την Ουγγαρία, την Τσεχία αλλά και τη Σλοβακία να μην συμμερίζονται την αυστηρή στάση απέναντι στη Ρωσία, λόγω των αγαθών οικονομικών συναλλαγών, που έχουν αναπτύξει μέχρι σήμερα.

Δύο άλλες επίσης χώρες, η Βουλγαρία και η Σερβία (υπό ένταξη χώρα) μάχονται κατά των κυρώσεων εναντίον της Ρωσίας, μαζί με την Ουγγαρία. Ο λόγος είναι ο αγωγός φυσικού αερίου South Stream, που θα εξασφαλίζει την ενεργειακή επάρκεια ολόκληρης της νοτιοανατολικής Ευρώπης. Οι τρεις χώρες, σε συνάντηση που είχαν στο Βελιγράδι, απορρίπτουν τις αιτιάσεις της ΕΕ κατά της Ρωσίας και σύναψαν τριπλή συμμαχία προκειμένου να γίνει πραγματικότητα ο South Stream.

Οι κυβερνήσεις Βουλγαρίας και Σερβίας δε, που είναι οι δύο πρώτες χώρες που θα βρεί στο δρόμο του ο South Stream, περνώντας από την ρωσική ΑΟΖ στον Εύξεινο Πόντο, ανακοίνωσαν επίσημα, ότι το έργο του South Stream είναι ζωτικής σημασίας για τις δύο χώρες και θα κάνουν αυτό που πρέπει για το συμφέρον των λαών τους.

Και οι τρεις χώρες Βουλγαρία , Σερβία, Ουγγαρία, αντιτάσσουν στα κελεύσματα της διοίκησης Ευρώπης, ότι πρωταρχική σημασία έχουν η ενεργειακή τους ασφάλεια και σταθερότητα και η τόνωση της οικονομίας τους, καθώς το κόστος κατασκευής του αγωγού θα ενισχύσει τον κατασκευαστικό και άλλους κλάδους της οικονομίας τους και όχι η υστερία της Ευρωπαικής Επιτροπής, την στιγμή μάλιστα, που δεν προτείνει καμία εναλλακτική λύση.

Αντίθετα η Ελλάδα δια μέσου της Κυβέρνησής της:

- επέλεξε τον αζέρικο αγωγό TAP, ο οποίος θα περνάει «εντελώς δωρεάν» από το ελληνικό έδαφος, προερχόμενος από την Τουρκία και από την Αλβανία, που κατέστη τελικά ενεργειακός κόμβος, αντί για την Ελλάδα, για να καταλήξει στην Ιταλία,

-επέλεξε την ρήξη με την Ρωσία, αγνοώντας την έλλειψη εναλλακτικής πρότασης από την Ευρώπη, για την απορρόφηση συνολικά των αγροτικών της προιόντων και όχι μόνο των ροδάκινων, καθώς και των κτηνοτροφικών και αλιευτικών της προιόντων, που ειναι από τους σημαντικότερους κλάδους της Ελληνικής οικονομίας, με καθαρά εξαγωγική κατεύθυνση.

Και σε αυτό το άρθρο, όπως και το προηγούμενο θα αφήσω τα συμπεράσματα δικά σας…

ΟΙΚΟΣΥΣΤΗΜΑ ΚΑΙ ΟΙΚΟΝΟΜΙΑ

Η αλλοίωση - καταστροφή των οικοσυστημάτων θεωρείται, ως ένα από τα σημαντικότερα προβλήματα της ανθρώπινης οικονομίας, σε παγκόσμιο επίπεδο, καθώς επηρεάζει όλους τους τομείς της ανθρώπινης ζωής, αλλά και την επιβίωση όλων των ζωντανών οργανισμών στον πλανήτη, από τους κοραλλιογενείς υφάλους έως την Αρκτική.

Τα ακραία καιρικά φαινόμενα, οι έντονες βροχοπτώσεις, οι καύσωνες, οι ξηρασίες, οι τυφώνες παρουσιάζουν έξαρση τα τελευταία χρόνια, σε όλο τον κόσμο. Όλα αυτά συμβαίνουν γιατί η παρεμβατικότητα του ανθρώπου στη φύση , πάντα με σκοπό την οικονομική εκμετάλλευση και πρόσχημα την ανάπτυξη, έχει ξεπεράσει κάθε προηγούμενο. Στο όνομα μιας κακώς εννοούμενης ανάπτυξης, υποθηκεύονται τα φυσικά θεμέλια της ζωής και όχι για να εξυπηρετείται η μεγαλύτερη και ποιοτικότερη διάρκεια ζωής του μέσου ανθρώπου στον πλανήτη, αλλά μια συγκεκριμένη κάστα εραστών της εξουσίας και του πλούτου της σύγχρονης ιστορίας.

Η αλλοίωση των οικοσυστημάτων οφείλεται:

- στην υπερβολική χρήση ορυκτών πόρων, όπως είναι ο άνθρακας και ο λιγνίτης, το πετρέλαιο και το φυσικό αέριο, η καύση των οποίων απελευθερώνει τεράστιες ποσότητες διοξειδίου του άνθρακα (CO_2) στην ατμόσφαιρα. Έτσι η στοιβάδα των αερίων του θερμοκηπίου που καλύπτει τη Γη, συσσωρεύει ολοένα και περισσότερη ενέργεια η οποία, με τη σειρά της, αυξάνει την μέση θερμοκρασία του πλανήτη.

Η χωρίς όρια καύση ορυκτών καυσίμων αλλά και οι κτηνοτροφικές δραστηριότητες που συμβάλλουν στην εκπομπή μεθανίου, σε συνδυασμό με την αποψίλωση των δασών, τα οποία απορροφούν τα αέρια του θερμοκηπίου, βοηθούν στο να συγκεντρώνεται μεγάλη ποσότητα διοξειδίου του άνθρακα (CO_2) στην ατμόσφαιρα. Το αποτέλεσμα είναι η υπερθέρμανση του πλανήτη και η αδυναμία των φυσικών συστημάτων να προσαρμοστούν στα νέα δεδομένα.

-στη δημιουργία αστικού περιβάλλοντος στις ακτές, στην αποξήρανση των υγρότοπων, με σκοπό τη γεωργική τους εκμετάλλευση, στην υπεραλιεία και στην άντληση πετρελαίου από τη θάλασσα, με τους κινδύνους που αυτή εγκυμονεί, όπως οι «μαύρες παλίρροιες», που καταστρέφουν τις υδάτινες διαπλάσεις, εξαφανίζουν διάφορα είδη αλιευμάτων και ρυπαίνουν τα θαλάσσια οικοσυστήματα καθιστώντας τα μη βιώσιμα.

Σύμφωνα με την WWF :

- Μέσα στις επόμενες δεκαετίες, τα αποθέματα νερού που είναι αποθηκευμένα στους παγετώνες και στις χιονισμένες περιοχές θα μειωθούν προκαλώντας ελλείψεις νερού σε περισσότερο από 1 δις ανθρώπους
- Το 20% με 30% όλων των ζωντανών οργανισμών στον πλανήτη θα αντιμετωπίζουν αυξημένο κίνδυνο εξαφάνισης, αν η άνοδος της μέσης παγκόσμιας θερμοκρασίας ξεπεράσει τους 1,5-2,5°C.
- · Σε χαμηλότερα γεωγραφικά πλάτη, και κυρίως σε ξηρές και τροπικές περιοχές, ακόμα και μικρές αυξήσεις της θερμοκρασίας της τάξης των 1°C - 2°C, αναμένεται να αυξήσουν τον κίνδυνο λιμών
- Μετά το 2080, πολλά εκατομμύρια ανθρώπων αναμένεται να επηρεαστούν από πλημμύρες στα σπίτια και τις επιχειρήσεις τους, εξαιτίας της ανόδου της στάθμης της θάλασσας κάθε χρόνο. Σε ιδιαίτερο κίνδυνο βρίσκονται πυκνοκατοικημένες περιοχές, καθώς και περιοχές που βρίσκονται σε χαμηλό υψόμετρο, με περιορισμένες ικανότητες προσαρμογής.

Πιο συγκεκριμένα στην Ελλάδα, όπου ο πλούτος της είναι αναπόσπαστα δεμένος με τις κλιματολογικές συνθήκες, διότι επηρεάζουν τις βασικές οικονομίες της, όπως την τουριστική και την αγροτική, οι κλιματικές αλλαγές θα προκαλέσουν μεγάλα προβλήματα. Σχετική μελέτη του ΟΗΕ δείχνει πως η Ελλάδα, όπως και ολόκληρη η Μεσόγειος συγκαταλέγεται ανάμεσα στα 18 «καυτά» σημεία του πλανήτη, τα οποία θα αντιμετωπίσουν τα μεγαλύτερα προβλήματα, εξαιτίας της εντεινόμενης αλλαγής του κλίματος.

Σε έρευνα της WWF Ελλάς σε συνεργασία με το Εθνικό Αστεροσκοπείο Αθηνών, με τίτλο «Το αύριο της Ελλάδας (2020-2050)», διαφαίνεται ότι η ήδη υπάρχουσα δυσφορία των κατοίκων στις ελληνικές πόλεις πρόκειται να ενταθεί. Οι κάτοικοι πόλεων, όπως η Θεσσαλονίκη, η Πάτρα, η Λαμία και η Λάρισα θα υπόκεινται μέχρι και σε 20 περισσότερες ημέρες καύσωνα. Παράλληλα, σε Λαμία, Λάρισα, Βόλο, Θεσσαλονίκη και Αθήνα, η συνολική βροχόπτωση θα μειωθεί, αλλά αναμένεται να αυξηθούν κατά 10-20% οι ακραίες βροχοπτώσεις. Με άλλα λόγια φαίνεται , πως αυξάνεται ο κίνδυνος τόσο για πλημμυρικά επεισόδια, όσο και για εξάπλωση πυρκαγιών στα περιαστικά δάση. Σημαντικά θα επηρεαστούν και οι τουριστικοί προορισμοί της χώρας. Από 5 ως και 15 περισσότερες θα είναι οι μέρες με καύσωνα στους υπό εξέταση τουριστικούς νομούς, ενώ θα αυξηθούν περαιτέρω και οι νύχτες όπου η θερμοκρασία δεν θα πέφτει κάτω από τους 20οC, κυρίως στις νησιωτικές περιοχές, όπως η Ρόδος και τα Χανιά.

Οι δέκα μεγαλύτεροι αγροτικοί νομοί της χώρας θα δεχθούν επίσης μεγάλη πίεση από την κλιματική αλλαγή, με αποτέλεσμα να αυξηθούν οι μέρες καύσωνα, οι συνεχόμενες ημέρες χωρίς βροχή, να μειωθούν οι χειμερινές βροχοπτώσεις και συνεπώς να αυξηθεί κατά πολύ ο κίνδυνος πυρκαγιάς. Για παράδειγμα, στην Εύβοια αναμένονται περισσότερες από 25 επιπλέον ξηρές ημέρες σε σχέση με σήμερα, οι Σέρρες και η Λάρισα θα ζήσουν 20 περισσότερες μέρες καύσωνα, ενώ στο Ηράκλειο και την Πέλλα οι βροχοπτώσεις το χειμώνα θα μειωθούν κατά 15%. Παρουσιάζεται επίσης αυξημένος κίνδυνος για ερημοποίηση νέων εκτάσεων και μείωση στη διαθεσιμότητα νερού.

Η κλιματική αλλαγή αναμένεται να θέσει σε μεγάλη δοκιμασία και τους Εθνικούς Δρυμούς, καθώς προβλέπεται αύξηση των ημερών, με υψηλό ρίσκο εμφάνισης πυρκαγιάς σε όλους τους Δρυμούς της χώρας.

Η Τράπεζα της Ελλάδος, σε σχετική της έκθεση το 2011, επισημαίνει πως το οικονομικό κόστος της κλιματικής αλλαγής για τη χώρα μας είναι εξαιρετικά υψηλό: στο δυσμενέστερο σενάριο, το συνολικό κόστος για την ελληνική οικονομία ως το 2100 ανέρχεται στα 701 δις ευρώ, ποσό υπερδιπλάσιο του εθνικού μας χρέους του 2009. Οι συντάκτες της Έκθεσης σημειώνουν, πως η υιοθέτηση πολιτικών που προστατεύουν το κλίμα, είναι η οικονομικότερη επιλογή που διαθέτουμε, καθώς το συνολικό κόστος μπορεί να μειωθεί κατά €265 δις, να κατέβει δηλαδή στα €436 δις.

Η Ελλάδα δυστυχώς δεν έχει σχεδιάσει μέχρι στιγμής, κάποια εθνική στρατηγική για τη προσαρμογή στην κλιματική αλλαγή, παρόλο που γεωγραφικά ανήκει σε μια από τις πιο ευπαθείς περιοχές της Μεσογείου.

Η χώρα πρέπει άμεσα να καταρτίσει εθνικά σχέδια διαχείρισης των φυσικών βιότοπων και των λεκάνων απορροής των υδάτινων πόρων, να λάβει μια σειρά από μέτρα, που θα επικεντρώνονται στην υλοποίηση παρεμβάσεων σε όλους τους τομείς, δάση, νερό, υγεία, τουρισμό, γεωργία, αστικές περιοχές κτλ., να συνεργαστεί ενεργά με παγκόσμιες επιτροπές διαχείρισης της κλιματικής αλλαγής, ως απόρροια των εγκληματικών τραυματισμών των οικοσυστημάτων του πλανήτη, καθώς και να αποτρέψει ενέργειες εκμετάλλευσης του ορυκτού της πλούτου, εις βάρος του περιβάλλοντος, και ειδικότερα, όταν η διαχείριση του κέρδους γίνεται από ξένα κέντρα εξουσίας...

Ο ΕΚΛΟΓΙΚΟΣ ΧΑΡΤΗΣ ΤΗΣ ΕΥΡΩΠΗΣ – EUROPE 2015 / ΤΟ ΕΚΛΟΓΙΚΟ ΚΑΛΕΝΤΑΡΙ ΤΗΣ ΕΥΡΩΠΗΣ / ΕΚΛΟΓΕΣ ΑΝΑΤΡΟΠΗΣ ΣΕ ΒΡΕΤΑΝΙΑ ΠΟΡΤΟΓΑΛΙΑ ΙΣΠΑΝΙΑ ΚΑΙ ΠΙΘΑΝΩΣ ΣΤΗΝ ΕΛΛΑΔΑ

Κοινοβουλευτικές εκλογές έχουμε το 2015 σε Μ. Βρετανία, Πορτογαλία και Ισπανία και είναι επίσης πολύ πιθανό να δούμε εκλογές και στην Ελλάδα. Υπάρχουν ακόμα αυτοδιοικητικές εκλογές σε Ιταλία και Ισπανία.

Η Credit Suisse αξιολογεί ως άκρως ανατρεπτικές τις κάλπες που θα στηθούν το επόμενο διάστημα στην Ευρώπη, καθώς θα ανατρέψουν τα κατά τόπους πολιτικά κατεστημένα.

Η έκθεση εκτιμά ότι παρά την προβαλλόμενη σε αυτές τις χώρες αισιοδοξία και τα νούμερα που «ευημερούν», οι λαοί εξακολουθούν να βιώνουν τις ισχυρές συνέπειες της κρίσης και της ευρωπαϊκής πολιτικής της λιτότητας.

Η άνοδος κινημάτων και κομμάτων που χαρακτηρίζονται ως «μη-κυρίαρχα», αλλά διεκδικούν επάξια όμως την εξουσία, όπως ο ΣΥΡΙΖΑ στην Ελλάδα, οι Podemos στην Ισπανία, αλλά και το ιταλικό Κίνημα 5 Αστέρων (Μπέπε Γκρίλο) στη Ιταλία, μέλλει να αλλάξουν εξ ολοκλήρου όχι μόνο το εθνικό σκηνικό, αλλά και συνολικά το ευρωπαικό σκηνικό, καθώς αντιμάχονται σθεναρά την ισχύουσα κεντρική πολιτική της παρακμάζουσας Ευρωπαικής Ένωσης.

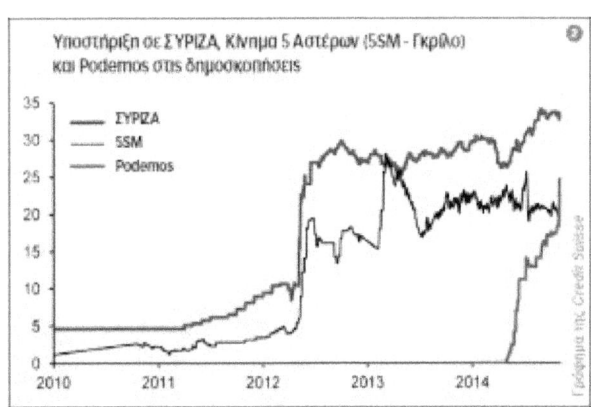

Η αποδυνάμωση του εθνικού κύρους των χωρών, που έχει προέλθει από την ανεξέλεγκτη παρεμβατικότητα της Ευρωπαικής Ένωσης στα οικονομικά πράγματα της κάθε χώρας, χωρίς να έχει θεσπιστεί ενιαία δημοσιονομική πολιτική στην Ευρώπη, έχει οδηγήσει σε ουσιώδη μείωση της υποστήριξης των κυρίαρχων κομμάτων και δημιούργησε χώρο σε νέα κόμματα και κινήματα τα οποία διεκδικούν να ριζοσπαστικοποιήσουν τις παρωχημένες στρατηγικές ανάπτυξης που επιβάλλονται σήμερα από την «Ενωμένη» Ευρώπη.

Η έκθεση της Credit Suisse, προσπαθεί στην συνέχεια να μας πείσει ότι η άνοδος αυτών των κομμάτων /κινημάτων θα πρέπει να αντιμετωπιστεί ως επικίνδυνη εξέλιξη, διότι πλήττει την «πολιτική σταθερότητα» στα Ευρωπαικά πράγματα. Και λέω ότι προσπαθεί να μας πείσει, διότι εκφράζει άποψη για μια «πολιτική σταθερότητα», η οποία δεν υφίσταται...

Ουσιαστικά δηλαδή η έκθεση, ενώ παρουσιάζει τα αποτελέσματα των πολιτικών λιτότητας και καταγράφει τις πολιτικές τάσεις αρκετών χωρών μελών της «Ενωμένης» Ευρώπης, προσπαθεί να χειραγωγήσει τον κόσμο με κινδυνολογίες, προκειμένου να υπηρετήσει σωστά το σύστημα το οποίο την συντηρεί.

Αξίζει να σημειωθεί ότι οι ΗΠΑ της επέβαλαν, πρόσφατα, πρόστιμο ύψους 2,6 δις δολαρίων, όταν διαπιστώθηκε ότι διευκόλυνε Αμερικανούς πελάτες της να αποκρύψουν μεγάλα χρηματικά ποσά, μέσω της σύστασης off shore εταιριών...

Η Credit Suisse αποτελεί ένα από τα χαρακτηριστικά παραδείγματα διαβρωμένων χρηματοπιστωτικών φορέων, με ισχύ, που επιχειρούν να πατρονάρουν το μέλλον των λαών, προκειμένου να εξασφαλίσουν την δική τους επιβίωση, που αποτελεί αναπόσπαστο μέρος της επιβίωσης της διεθνούς πολιτικής και οικονομικής ελίτ.

ΝΙΚΟΣ ΡΩΜΑΝΟΣ / ΦΤΑΙΝΕ ΟΙ ΓΟΝΕΙΣ ΠΟΥ ΤΟΥΣ ΜΕΓΑΛΩΣΑΝ ΦΑΣΙΣΤΕΣ

$28^η$ ημέρα απεργίας πείνας. $28^η$ ημέρα απεργίας των αισθημάτων μας, μα ακόμη και της λογικής μας απέναντι στον άνθρωπο.

Ώρες ψυχολογικού καταναγκασμού στην ιδεολογική απόσχιση από την τάφρο των προβάτων, σε ένα παιδί που το πρόσωπο του παρότι διένυσε μια ληστεία παραμένει καθαρό...

Ώρες ποινικοποίησης του θυμού που βαραίνει ένα ολόκληρο έθνος...

Ώρες ενός παιδιού που πεθαίνει ...για να βγούμε όλοι εμείς επιτυχείς στο τεστ της συνειδησιακής ευφυίας, καθότι αυτή θα είναι εκείνη που θα καθορίζει τις γενιές που έρχονται να κατοικήσουν, αυτό τον ακατοίκητο πλανήτη...

Πρώτη προστακτική θα αποτελεί το ρήμα «Προστατεύσου» και η αντίδραση σ' αυτό, καθώς οι έχοντες την αίσθηση να προστατευτούν θα αμύνονται στα βέλη του συνειδησιακού πολέμου.

Δεύτερη προστακτική στο τεστ θα αποτελεί το ρήμα «Θύμωσε» και η αντίδραση σ' αυτό, καθώς οι έχοντες τα αντανακλαστικά να θυμώνουν ακόμη, θα αποτελούν την ελπίδα για τα χρόνια που έρχονται.

Τρίτη προστακτική θα αποτελεί το ρήμα «Αγωνίσου» και η αντίδραση σ' αυτό, καθώς οι έχοντες το κουράγιο να αγωνιστούν θα γράψουν την ιστορία για τα χρόνια που έρχονται.

Γιατί, ενώ η τιμωρία των «Ρωμανών» θα εξαντλείται αμείλικτα από το σύστημα, για αυτά που έκαναν και για αυτά που δεν έκαναν, η τιμωρία των διεφθαρμένων στελεχών και των μηχανισμών του συστήματος, για τα κατά συρροή εγκλήματά τους, θα επαφίεται στην επαναστατική δικαιοσύνη του κάθε λαού...

Και για το τέλος απαντώ σε δηλώσεις περισπούδαστων πολιτικών σχετικά με το Ρωμανό : ΑΡΚΕΤΑ ΑΣΧΟΛΗΘΗΚΑΜΕ ΜΕ ΑΦΙΛΟΥΣ-ΑΛΑΟΥΣ-ΑΕΘΝΟΥΣ ΠΟΛΙΤΙΚΟΥΣ ΥΠΑΡΧΟΥΝ ΚΑΙ ΑΛΛΑ ΠΡΑΓΜΑΤΑ ΣΕ ΑΥΤΗ ΤΗ ΧΩΡΑ! ΦΤΑΙΝΕ ΟΙ ΓΟΝΕΙΣ ΠΟΥ ΤΟΥΣ ΜΕΓΑΛΩΣΑΝ ΦΑΣΙΣΤΕΣ...

ΠΟΙΟΣ ΤΟΥΣ ΕΧΡΙΣΕ ΑΝΤΙΠΡΟΣΩΠΟΥΣ ΤΟΥ ΕΛΛΗΝΙΚΟΥ ΛΑΟΥ...

Πρόσφατα, ο Ζαν Κλοντ Γιούνκερ μιλώντας σε αυστριακή εκπομπή και έχοντας κατά νου, ότι η χώρα μπορεί να οδηγηθεί σε κοινοβουλευτικές εκλογές, εάν δεν επιτευχθεί εκλογή του Προέδρου της Δημοκρατίας, προσπάθησε να εκβιάσει την Ελληνική ψήφο, δηλώνοντας, ότι «...οι Έλληνες θα πρέπει να γνωρίζουν τι σημαίνει λανθασμένη έκβαση εκλογών για τη χώρα και την Ευρωζώνη...»

Και συνέχισε... «...αποφεύγοντας να εμπλακώ σε ζητήματα εθνικών εκλογών, δεν θα ήθελα να δω ακραίες δυνάμεις στην ηγεσία της Ελλάδας, αλλά οικεία πρόσωπα...».

ΚΑΙ ΠΟΙΟΣ ΤΟΝ ΡΩΤΗΣΕ ΓΙΑ ΤΟ ΤΙ ΕΠΙΘΥΜΕΙ ;

ΚΑΙ ΠΟΙΟΣ ΤΟΝ ΕΧΡΙΣΕ ΑΝΤΙΠΡΟΣΩΠΟ ΤΟΥ ΕΛΛΗΝΙΚΟΥ ΛΑΟΥ ΓΙΑ ΝΑ ΚΡΙΝΕΙ ΤΟ ΟΠΟΙΟ ΕΚΛΟΓΙΚΟ ΑΠΟΤΕΛΕΣΜΑ ΘΑ ΦΕΡΟΥΝ ΕΝΔΕΧΟΜΕΝΕΣ ΕΚΛΟΓΕΣ ΩΣ ΛΑΝΘΑΣΜΕΝΗ ΕΚΒΑΣΗ;

ΑΥΤΑ ΓΙΝΟΝΤΑΙ ΜΟΝΟ ΣΕ ΚΑΘΕΣΤΩΤΑ ΧΟΥΝΤΑΣ...ΕΚΤΟΣ ΑΝ ΤΕΤΟΙΟ ΕΚΛΑΜΒΑΝΕΤΑΙ ΑΥΤΟ ΤΗΣ ΚΕΝΤΡΙΚΗΣ ΔΙΟΙΚΗΣΗΣ ΤΗΣ ΕΥΡΩΠΗΣ...

ΓΛΙΤΩΣΑΜΕ ΑΠΟ ΤΙΣ ΕΘΝΙΚΕΣ ΧΟΥΝΤΕΣ ΚΑΙ ΛΟΥΣΤΗΚΑΜΕ ΤΙΣ ΕΥΡΩΠΑΙΚΕΣ...

Είναι οφθαλμοφανές, ότι η Κομισιόν και οι κυρίαρχοι πολιτικοί κύκλοι στην Ευρώπη προσπαθούν να επηρεάσουν την πολιτική κατάσταση στην Ελλάδα, προκειμένου, να καμφθεί η αντίσταση του Ελληνικού λαού και να πετύχει το πείραμα υπηκοποίησης του. Νομίζουν, ότι έτσι θα περάσουν μηνύματα επιτυχημένης εφαρμογής της εθελοδουλίας και σε άλλους λαούς.

Νομίζουν, ότι με αυτό τον τρόπο θα σταματήσουν την χιονοστιβάδα, που έρχεται, ως αντίδραση όχι μόνο στις πολιτικές της λιτότητας, αλλά και στην διαχείριση της εθνικής κυριαρχίας και της δημοκρατίας του κάθε λαού.

Έχω ξαναγράψει και σε άλλα άρθρα μου για την κατάσταση στην Ευρώπη. Ισχυρά κινήματα έχουν γεννηθεί σε όλη την Ευρώπη, που μοιάζει ένα καζάνι που βράζει. Αυτά τα κινήματα, ανάλογα με την πολιτική κουλτούρα της κάθε χώρας, προσδιορίζονται σε αριστερά , εθνικιστικά, ευρωσκεπτικιστικά, μα ακόμη και ακροδεξιά κτλ. Όλα έχουν το ίδιο σημείο εκκίνησης όμως, που είναι η ανατροπή της σύγχρονης αποικιακής πολιτικής της Ευρώπης. Και θα το πετύχουν. Αυτός είναι ο τρόμος του συστήματος...

Το γεγονός ότι ίδιες αντιδράσεις γεννιούνται από ένα ευρωπαικό πολιτικό μωσαικό, διαφορετικών ιδεολογιών, πιστοποιεί ότι η αλλαγή στα ευρωπαικά πράγματα είναι και αναπόφευκτη και αναγκαία. Πιστοποιεί ότι λάθος περπατάμε το γιαλό και λάθος μαθαίνουμε από τα λάθη μας...

Γιατί, οι κρίσεις δεν έχουν να κάνουν με την καταστροφή του πλούτου, αλλά με την αναδιανομή του και τον τρόπο που αυτό επηρεάζει τις κοινωνίες και την δυνατότητα τους να αμύνονται σαν εθνικές οντότητες.

Η ιδιότυπη συνομωσία δε, που υπάρχει μεταξύ του παγκόσμιου οικονομικού τύπου, των εντύπων , των οίκων αξιολόγησης, με το ισχύον πολιτικό σύστημα εξουσίας και οδηγεί σε καθημερινό βομβαρδισμό απειλών, προκειμένου να μην ανατραπεί η υφιστάμενη τάξη πραγμάτων, πιστοποιεί δις τη σήψη του συστήματος και την ανάγκη για ανατροπή.

Αν οι αγορές φοβούνται τις εκλογές και δημιουργείται πρόβλημα στην οικονομία και ανεβήκαν τα spreads, τότε θα πρέπει να φοβούνται πολλαπλά, όταν φθάνει η ώρα που εκμηδενίζονται οι λαοί και η αξιοπρέπεια τους.

Γιατί οι λαοί είναι εκείνοι, που θα φέρουν οποιοδήποτε κόμμα στην εξουσία που υπεραμύνεται της χώρας του, όχι απλά επαναδιαπραγματευόμενο τα χρέη, αλλά και καταλύοντας οτιδήποτε τους δένει με τη σαπίλα και την ντροπή...

Γιατί φτάσαμε στο σημείο να ισχυριζόμαστε, ότι με την διαπραγμάτευση του χρέους και των μέτρων λιτότητας δεν θα γίνουμε αρεστοί στους ευρωπαίους εταίρους μας και το προτάσσουμε μάλιστα και ως τρομοαπειλή, προκειμένου να καμφθεί η αντίσταση ενός λαού που :

1) έχει πραγματική ανεργία κοντά το 40% (το επίσημο ποσοστό 27% δεν είναι αντιπροσωπευτικό, γιατί δεν συμπεριλαμβάνει τους άνεργους επιχειρηματίες/ελεύθερους επαγγελματίες)

2)	το	30%	των	επιχειρήσεων	έκλεισαν
3)	έχει	25%	μείωση	του	ΑΕΠ
4)έχει	υποστεί	38%	μείωση	στους	μισθούς
5)	έχει υποστεί	45%	μείωση	στις	συντάξεις
6)	έχει υποστεί 30%	μείωση	του	οικογενειακού	εισοδήματος
7)	καταγράφει	98,2%	αύξηση	του δείκτη	φτώχειας
8)	καταγράφει	272,7%	αύξηση	του δείκτη	κατάθλιψης

9) καταγράφει 2 αυτοκτονίες ανθρώπων κάθε μέρα

(Αρκετά από τα στοιχεία ανήκουν σε αφίσα, αναρτημένη σε **στάση λεωφορείου στο Λονδίνο. Έτσι βλέπουν την Ελλάδα και τους Νεοέλληνες που δεν ήθελαν ΤΟΤΕ να χρεοκοπήσουν και πίστευαν ότι θα σωθούν...**)

ΑΥΤΗ ΕΙΝΑΙ Η ΕΛΛΑΔΑ ΤΟΥ 2014...Η ΕΛΛΑΔΑ ΤΗΣ ΝΤΡΟΠΗΣ

ΑΡΘΡΟ 7ο – ΠΡΩΤΗ ΔΗΜΟΣΙΕΥΣΗ 20/12/2014

ΤΑ ΧΡΙΣΤΟΥΓΕΝΝΑ ΤΩΝ ΔΗΜΟΣΚΟΠΗΣΕΩΝ...

Η δυστοκία για την εκλογή Πρόεδρου της Δημοκρατίας ΠτΔ, κάνει ορατό πλέον το σενάριο των πρόωρων εκλογών.

Οι συμμαχίες της κυβέρνησης δεν αποδίδουν καρπούς και ενεργοποιείται το Plan B. Η παράγκα της παραπολιτικής στήνει στρατηγεία, έξω από τα γραφεία, όποιου βουλευτή θεωρείται προσβάσιμος, προκειμένου να αποσπασθεί η ψήφος του για την εκλογή προέδρου, με όποιο τρόπο και όποιο κόστος.

Και επειδή αυτό το σχέδιο έχει υψηλό ρίσκο, τα παρατράγουδα από την εφαρμογή του φθάνουν με ταχύτητα κεραυνού σε όλο τον κόσμο. Κι ακόμη είμαστε στην πρώτη ψηφοφορία...

Η Κυβέρνηση προσπαθεί να κερδίσει όλο και περισσότερο χρόνο, με σκοπό να πετύχει το σχέδιο της, υιοθετώντας ακόμη και την εναλλακτική αλλαγής υποψηφίου, πριν από την τρίτη ψηφοφορία.

Κάποιος έγραψε κάτι πολύ πετυχημένο στο διαδίκτυο και θα μου επιτρέψετε να το μεταφέρω αυτούσιο : «Στην τρίτη ψηφοφορία ας προταθεί η σωστή μούμια, η μούμια της Αμφίπολης...». Έτσι για να κάνουμε και λίγο χιούμορ...

Έτσι λοιπόν, οι πρόωρες εκλογές θα έρθουν σαν αποτέλεσμα μακρόσυρτων , επώδυνων και επικίνδυνων για τη Δημοκρατία διαβουλεύσεων.

Και εγώ αναρωτιέμαι, όταν οι κίνδυνοι που απειλούν την κοινωνική ειρήνη της χώρας πληθαίνουν, δεν θα έπρεπε σύσσωμες οι πολιτικές δυνάμεις να καταφύγουν, με ομαλότητα σε εκλογές, προκειμένου να εκφραστεί με σαφήνεια η λαική βούληση;

Γιατί, η Δημοκρατία εφευρέθηκε για να χρησιμοποιείται από το λαό, όταν απειλούνται τα κεκτημένα του και όχι από τους πολιτικούς. Και αυτό αφορά Εθνικές και Ευρωπαικές Κυβερνήσεις. Για αυτό και μπροστά στην οργανωμένη εφαρμογή του σχεδίου κατάργησης της εθνικής ταυτότητας των ευρωπαικών λαών, αντιδρούν οι λαοί στην πλειοψηφία τους, ανεξάρτητα από κομματικές περιχαρακώσεις.

Μ' αυτά και μ' αυτά φτάσαμε τα φετινά Χριστούγεννα να είναι τα Χριστούγεννα των Δημοσκοπήσεων ...

Στο σενάριο λοιπόν των πρόωρων εκλογών, σε όλες ανεξαιρέτως τις δημοσκοπήσεις που διεξάχθηκαν τον τελευταίο καιρό, ο ΣΥΡΙΖΑ αποτελεί πρώτο κόμμα, ενώ έπεται η ΝΔ, με ψαλίδα διαφοράς μεταξύ των δημοσκοπήσεων, που κυμαίνεται από 2,8 σε 6,1 ποσοστιαίες μονάδες, διαφορά αρκετή, ώστε να μην δικαιολογεί τα όρια του στατιστικού λάθους.

Άρα κάποιο από τα δύο όρια, είτε προς τα πάνω είτε προς τα κάτω είναι «εκούσιο λάθος»...

Τρίτο κόμμα στις περισσότερες δημοσκοπήσεις βγαίνουν οι αναποφάσιστοι, ενώ φαίνεται να έπονται Χρυσή Αυγή, ΠΟΤΑΜΙ, ΚΚΕ και ΠΑΣΟΚ, που έρχονται στήθος με στήθος. Τελευταίοι στους δευτεραγωνιστές καταλήγουν οι Ανεξάρτητοι Έλληνες, που φαίνεται να έχουν χάσει σημαντικό κομμάτι της δύναμης τους, ενώ το ΛΑΟΣ και η ΔΗΜΑΡ δεν φαίνεται να καταφέρνουν να μπουν στη βουλή.

	MAP K	ΠΑΛΜΟ Σ	GPO	ALC O	ΚΑΠ A	INTE R.	PULS E
ΣΥΡΙΖΑ	28,5	28%	28%	27,6 %	25,5%	27,5%	27,9%
ΝΔ	24,9	21,9%	23,1 %	24%	22,7%	24%	25,2%
ΠΑΣΟΚ	4,8	3,6%	5,1%	5%	6,7%	7%	5,1%
ΠΟΤΑΜΙ	5,6	4,3%	5,1%	4,1%	6%	5,5%	4,2%
ΑΝΕΛ	3%	3,4%	2,7%	2,9%	2,7%	3,5%	1,8%
ΚΚΕ	5,6	4,7%	5,5%	4,4%	5,8%	5%	5%
ΧΡΥΣΗ ΑΥΓΗ	5,8%	5,6%	5%	5,6%	5,9%	6%	4,8%
ΔΕΝ ΕΧΩ ΑΠΟΦΑΣΙΣ ΕΙ	7,8	12,6%	15,3 %	11,8 %	18,1%	8%	

Συμπεριλαμβάνοντας τις τελευταίες πολιτικές εξελίξεις, μπορούμε να προβλέψουμε, ότι το ΠΑΣΟΚ θα χάσει σημαντικό μέρος της δύναμης του και ενδεχομένως να κινδυνεύσει, με την κάθοδο Παπανδρέου με άλλο κόμμα στις εκλογές.

Αποκωδικοποιώντας την αναποφάσιστη ψήφο, η οποία φαίνεται εξαιρετικά διογκωμένη και σύνθετη και μας παραπέμπει σε τρομοκρατημένα εκλογικά στρώματα, καθώς και σε οργισμένους ψηφοφόρους, οι οποίοι σχεδιάζουν στρατηγικά να διαφοροποιήσουν την εκλογική κατάσταση την τελευταία στιγμή, θα δούμε να προσανατολίζεται μεγάλο μέρος της προς τον ΣΥΡΙΖΑ, βάζοντας τις προυποθέσεις για αυτοδυναμία, καθώς επίσης και προς τη Χρυσή Αυγή που φαίνεται να κινείται για τρίτο κόμμα. Αξίζει να σημειωθεί πως η πλειοψηφία της αδιευκρίνιστης ψήφου δεν ανήκει παραδοσιακά στον χώρο της αριστεράς, αλλά είναι έτοιμη να πειραματιστεί με προσεγγίσεις φιλοπατριωτικού χαρακτήρα, που εκφράζουν καινούργια αριστερά ή εθνικιστικά κόμματα. Τα χαρακτηριστικά αυτά καταγράφηκαν εξάλλου και στις Ευρωεκλογές του 2014 και όχι μόνο στην Ελλάδα αλλά σε ολόκληρη την Ευρώπη.

Ενισχυμένο επίσης θα βγει και το ποτάμι, που θα περισυλλέξει στους κόλπους του όλα τα απολιτίκ στρώματα, που ενώ επιμένουν σε αλλαγή των πολιτικών πραγμάτων, διακατέχονται από το σύνδρομο της ισορροπίας, καθώς και της αριστεροφοβίας.

Τέλος, η ΝΔ κινδυνεύει, μετά από ενδεχόμενη ήττα της στις κοινοβουλευτικές εκλογές, να παρουσιάσει τα ίδια φαινόμενα αποσύνθεσης του ΠΑΣΟΚ και έτσι να κλείσει και ιστορικά ένας πολιτικός κύκλος διακυβέρνησης από κόμματα και ψηφοφόρους προσδιορισμένους από την πολιτικής τους προέλευση και όχι από την πραγματική πολιτική τους τοποθέτηση.

ΝΑ ΕΥΧΗΘΩ ΛΟΙΠΟΝ ΣΕ ΟΛΟΥΣ ΤΟΥΣ ΣΥΝΕΛΛΗΝΕΣ ΧΡΟΝΙΑ ΚΑΛΥΤΕΡΑ ΓΙΑ ΤΗΝ ΔΗΜΟΚΡΑΤΙΑ ΜΑΣ...

ΚΡΟΑΤΙΑ - ΕΝΑ ΑΚΟΜΗ ΘΥΜΑ ΤΗΣ ΕΥΡΩΠΑΙΚΗΣ ΠΟΛΙΤΙΚΗΣ

Παραμονές προεδρικών εκλογών στην Κροατία και η απογοήτευση είναι διάχυτη στους πολίτες της. Δεκαοκτώ μήνες μετά την ένταξη της στην Ευρωπαική Ένωση (που πραγματοποιήθηκε 1, Ιουλίου 2013) και η χώρα αντιμετωπίζει σοβαρή κρίση.

Φαβορί των επικείμενων προεδρικών εκλογών στην Κροατία, η οποίες θα λάβουν χώρα την Κυριακή στις 28 Δεκεμβρίου, θεωρείται ο σημερινός επικεφαλής της Κυβέρνησης Ίβο Γιοσίποβιτς.

Οι Κροάτες έλπιζαν, ότι η ένταξη της χώρας στην ΕΕ, θα αναβίβαζε το επίπεδο της στο πεδίο των αγορών και θα άνοιγε το δρόμο για την ανάπτυξη. Δυστυχώς όμως, αποδείχθηκε ακριβώς το αντίθετο. Τα προβλήματα διογκώθηκαν και οι προσδοκίες δεν ικανοποιήθηκαν.

Αυτά που οδήγησαν την Κροατία στην απογοήτευση, είναι οι γνωστές και μη εξαιρετέες πολιτικές, που ακολουθεί η «μαμά» Ευρώπη με όλα τα «υπό αποικία» κράτη : εξωτερική διαχείριση, ιδιωτικοποιήσεις, κατάρρευση των παραγωγικών τομέων και της βιομηχανίας, καταστροφή του κοινωνικού ιστού της χώρας.

Η αποεθνικοποίηση των βαλκανικών χωρών, που διατηρούσαν σκληρή εθνική παράδοση και ταυτότητα, ξεκίνησε από την διάλυση της Γιουγκοσλαβίας την δεκαετία του '90, από τις ΗΠΑ και συνεχίστηκε κατά την ένταξη τους στην «οικογένεια» της Ευρωπαικής Ένωσης.

Οι πολιτικές λιτότητας έχουν πλήξει ανεπανόρθωτα το ΑΕΠ της χώρας , το δημόσιο χρέος έχει διπλασιαστεί από το 2008, ενώ η τουριστική βιομηχανία, που έχει απομείνει, διότι οι υπόλοιπες έχουν πλέον καταστραφεί, υπέστη σοβαρότατο πλήγμα με το ρωσικό εμπάργκο.

Η Κροατία σήμερα κατατάσσεται στην τρίτη θέση των προβληματικών χωρών της Ευρωπαϊκής Ένωσης, αμέσως μετά την Ελλάδα και την Ισπανία.

Το ποσοστό ανεργίας στην Κροατία είναι περίπου 19%, ενώ παρατηρείται το ίδιο φαινόμενο μετανάστευσης των νέων , όπως και στην Ελλάδα.

Σύμφωνα με έκθεση του Ερευνητικού Κέντρου της UNICEF Innocenti «**Τα παιδιά της ύφεσης: Οι επιπτώσεις της οικονομικής κρίσης στην παιδική ευημερία στις πλούσιες χώρες**», η Κροατία μαζί με την Ελλάδα, βρίσκονται ανάμεσα στις 23 χώρες που η παιδική φτώχεια έχει αυξηθεί περισσότερο από 50% τα τελευταία χρόνια. Συγκλονίζουν τα στοιχεία δε, όταν παρουσιάζονται δίπλα στα ασύλληπτα νούμερα αύξησης του πλούτου, διότι απεικονίζουν την όξυνση των ανισοτήτων στις κοινωνίες όπου συμπιέστηκαν η μικρή και μεσαία τάξη, τις λεγόμενες νεοταξικές κοινωνίες.

Όπως έχω γράψει όμως και σε προηγούμενα άρθρα μου, τα κινήματα που υπερασπίζονται εθνικές πολιτικές και αμφισβητούν την αποτελεσματικότητα της σκληρής πολιτικής της λιτότητας της ΕΕ πληθαίνουν. Ο νεότερος υποψήφιος για την προεδρία της Κροατίας, ο 24χρονος Ιβάν Vilibor Sinchich, που έγινε γνωστός ως ακτιβιστής από το κίνημα "Living Wall", το οποίο μάχεται την αναγκαστική έξωση των ανθρώπων από τα σπίτια τους. είναι επιφυλακτικός απέναντι στην σκληρή πολιτική που ακολουθεί η ΕΕ και δεν αποκλείει ακόμη και έξοδο της Κροατίας από την ΕΕ. Ο Sinchich αποκτά όλο και περισσότερους οπαδούς σήμερα στην Κροατία.

Όλα αυτά θα έπρεπε να προβληματίζουν σοβαρά την Ευρωπαική Ένωση, που εντάσσει χώρες στο δυναμικό της, οι οποίες δεν μπορούν να ανταπεξέλθουν στις οικονομικές απαιτήσεις στις οποίες τις υποχρεώνει.

Δυστυχώς όμως, η ένταξη τους αποτελεί μέρος ενός σχεδίου απομύζησης τους εθνικού τους πλούτου ή χρησιμοποίησής τους προς εξυπηρέτηση των συμφερόντων ηγεμονικών χωρών μέσα στην «Ενωμένη» Ευρώπη, όπως η Γερμανία.

Τελικά η «Ενωμένη Ευρώπη» αποτελεί όραμα για την ευημερία των κρατών που συμμετέχουν ή αποτελεί ένα μηχανισμό εκμετάλλευσης και ελέγχου χωρών, που έχουν αγοράσει ένα κακό franchise-δικαιόχρηση, σύμφωνα με το οποίο για να χρησιμοποιούν οι πολίτες τους το όνομα «Ευρωπαίοι Πολίτες», θα αποδίδουν πάντα «χαράτσι» στους ελέγχοντες τον μηχανισμό, ανεξάρτητα αν οι λαοί τους πεθαίνουν από την εξαθλίωση; Ένα farnchise-δικαόχρηση, το οποίο θα εκμεταλλεύεται το κεφάλαιο του εθνικού τους πλούτου, που έχουν επενδύσει και θα τους εντάσσει σε τραπεζικά και οικονομικά καρτέλ, χωρίς να τους εξασφαλίζει καμία οικονομική ή κοινωνική απόδοση;

Αξίζει να σημειωθεί, πως η Κροατία θα καταστεί ενεργειακός κόμβος της Ευρώπης μέσω τριών σημαντικών ενεργειακών έργων, του σταθμού LNG στο Κρκ, του αγωγού φυσικού αερίου Αδριατικής - Ιονίου και της δικής της παραγωγής (ενέργειας), έργων που θα εξασφαλίσουν τις διασυνδέσεις αερίου Βορρά - Νότου στην Κεντροανατολική και Νοτιοανατολική Ευρώπη.

Όπως καταλαβαίνεται, η Κροατία θα εξυπηρετήσει την ενεργειακή πολιτική της Ευρώπης και όχι η Ευρώπη την Κροατία… γι' αυτό και ήταν σκόπιμο να ενταχθεί στην Ευρωπαική «οικογένεια».

Αυτές οι μη ανταποδοτικές πολιτικές της Ευρώπης, έχουν ήδη καταστήσει αδιέξοδο τον Ευρωπαικό θεσμό, καθώς φέρουν σε κίνδυνο την κοινωνική ειρήνη σε ολόκληρη την Ευρώπη…

ΝΑ ΕΥΧΗΘΩ Η ΚΑΙΝΟΥΡΓΙΑ ΧΡΟΝΙΑ ΝΑ ΕΙΝΑΙ ΧΡΟΝΙΑ ΑΝΑΤΡΟΠΗΣ ΤΗΣ ΚΑΝΟΝΙΚΟΤΗΤΑΣ ΤΗΣ ΦΤΩΧΕΙΑΣ ΠΟΥ ΠΡΟΣΠΑΘΕΙ ΝΑ ΕΠΙΒΑΛΛΕΙ Η ΜΕΙΟΨΗΦΙΑ ΣΤΗΝ ΠΛΕΙΟΨΗΦΙΑ ΤΗΣ ΕΥΡΩΠΗΣ…

ΑΡΘΡΟ 9ᵒ - ΠΡΩΤΗ ΔΗΜΟΣΙΕΥΣΗ 4/1/2015

ΕΝΤΟΣ Ή ΕΚΤΟΣ ΤΟΥ ΕΥΡΩ

Είναι άραγε σωστή η διλημματική προοπτική εντός ή εκτός ευρώ, ή απλά εξυπηρετεί ανάγκες επιβίωσης φθαρμένων πολιτικών μορφωμάτων, που έχουν δημιουργηθεί μέσα στην Ευρωπαϊκή Ένωση και εξυπηρετούν συγκεκριμένα οικονομικά και πολιτικά καρτέλ;

Κι αν ισχύει το δεύτερο, τότε μπορεί οι αιτίες να κρύβονται :

-στην ελλειμματική δομή της Ευρωπαϊκής Ένωσης;

-στην έλλειψη μιας ισχυρής πολιτικής προσωπικότητας, που δεν θα εκτελεί απλά θεσμικά, αλλά θα οραματίζεται μια δικαιότερη Ευρώπη, μια Ευρώπη των λαών και όχι μια Ευρώπη των τραπεζών; Σήμερα από την Ευρώπη λείπει, η μελέτη, το πρόγραμμα εκείνο, το οποίο θα εξελίξει τη δομή της, με βάση τις ανάγκες των κρατών μελών της, σε έναη ισότιμο άξονα διαχείρισης των συναλλαγών τραπεζικών, εμπορικών και κοινωνικών.

Σήμερα από την Ευρώπη λείπει, μια ενιαία ομοσπονδιακή πολιτική σε κοινωνικοοικονομικό και δημοσιονομικό επίπεδο.

Σήμερα από την Ευρώπη λείπουν καινούργιες οικονομικές θεωρίες-προγράμματα, που θα συμπεριλαμβάνουν τις ανθρωπογεωγραφικές ιδιαιτερότητες των εθνών, ως απαραίτητα συστατικά στοιχεία, για την διαιώνιση του Ευρωπαϊκού ιδεώδες. Η Ευρωπαϊκή οντότητα μπορεί να κρατηθεί ζωντανή, μόνο αν εξυπηρετεί έθνη και όχι κράτη με αλλοιωμένες εθνικές συνειδήσεις.

Σήμερα από την Ευρώπη λείπει, ένας ισχυρός ηγέτης, που θα μπορεί να διαπραγματεύεται, με κάθε χώρα, με βάση το όραμα της κοινωνικής και οικονομικής ειρήνης.

Η περίοδος εκείνη που θριάμβευε ο μονεταρισμός ή αλλιώς φιλελευθερισμός, έχει κλείσει οριστικά και έχει αφήσει πίσω της μόνο συντρίμμια κρατών, που προσπαθούν ενεργοποιήσουν τη Δημοκρατία τους, προκειμένου να σταθούν στα πόδια τους.

Η γρήγορη και προχειροφτιαγμένη θέσπιση του ευρώ, που άφησε πίσω του ο μονεταρισμός, προκειμένου να οικοδομήσει μια Νομισματική Ένωση μια Νομισματική Ευρώπη και όχι μια Ευρώπη των λαών, κατέλυσε και τους θεσμούς και τις δικλείδες ασφαλείας του πολιτεύματος της Δημοκρατίας.

Άρα λοιπόν δεν τίθεται δίλημμα για «Ναι ή Όχι στο Ευρώ». Τίθεται δίλημμα σχετικά με το ποιό Ευρώ θέλουμε. Γιατί το ενιαίο νόμισμα πρέπει να είναι το επιστέγασμα μιας πολιτικής, οικονομικής και δημοσιονομικής ένωσης.

Και σ' αυτή τη βάση θα πρέπει να γίνονται οι διαπραγματευτικές διαδικασίες, πόσο μάλλον, όταν έχουν αποδειχθεί ατελέσφορες οι προηγούμενες προσεγγίσεις, που έχουν προκαλέσει πολιτική και οικονομική αρρυθμία στην πλειοψηφία των κρατών.

Όλα τα μέτρα που έχουν ληφθεί μέχρι σήμερα για τις Ευρωπαικές Δημοκρατίες , που υποφέρουν από οικονομική δυσπραγία, έχουν αποδειχθεί ανεπαρκή και επικίνδυνα.

Οι χώρες του Βορρά (Γερμανία, Ολλανδία, Φινλανδία), που ουσιαστικά επωφελούνται από την κρίση και χρησιμοποιούν ένα άλλης ταχύτητας ευρώ, τηρούν στάση τιμωρίας, προς τις χρεωκοπημένες χώρες του Νότου, που το ευρώ τους δεν επαρκεί για να αγοράσει ούτε τα στοιχειώδη αγαθά, ενώ οι τράπεζες χαίρουν απόλυτης προστασίας εξασφαλίζοντας τα κέρδη τους και τζογάροντας με τοξικά ομόλογα.

Οι χρεωκοπημένες χώρες, όπως η Ελλάδα υποβάλλονται σε ληστρικό δανεισμό, από μια Αρχή της Ευρωπαικής Ένωσης, για να τα δώσουν αμέσως σε μια άλλη Ευρωπαϊκή Αρχή, καθώς και στις τράπεζες και μάλιστα κάτω από όρους με τους οποίους δεν θα μπορέσουν να εξοφλήσουν τα χρέη τους ποτέ. Ταυτόχρονα τους επιβάλλονται μέτρα λιτότητας, τα οποία τις οδηγούν στην οικονομική, κοινωνική και ηθική εξαθλίωση.

Η όδευση προς την καταστροφή δεν αποτελεί πολιτική λιτότητας. Η πραγματική πολιτική λιτότητας δεν στηρίζεται στη θεωρία ότι μπορεί κανείς να περιορίσει το δημόσιο χρέος, μειώνοντας τις δημόσιες δαπάνες και ταυτόχρονα αυξάνοντας τους φόρους. Αυτή η πολιτική, αποτελεί πολεμική πολιτική ολικής κατάρρευσης της οικονομίας των κρατών, εφόσον οδηγεί στην κατάρρευση της κυκλοφορίας του χρήματος στις αγορές τους.

Άρα λοιπόν η ευνοημένη Γερμανία, που στήριξε την ενοποίησή της στην πλάτη της Ευρωπαικής Ένωσης και δεν έχει προσφέρει ποτέ τίποτα ανταποδοτικά, καλά θα κάνει αντί να σπέρνει την τρομολαγνία, μιλώντας για GREXIT, να συζητά για έξοδο της Γερμανίας από την Ενωμένη Ευρώπη, αν δεν μπορεί να συμπλεύσει με τα ιδεώδη της πλειοψηφίας των κρατών της Ευρωπαικής Ένωσης.

Και καλά θα κάνουν, να πράξουν το ίδιο και οι «εθνικοφανείς» κυβερνήσεις, ανά την Ευρώπη, που αποδείχθηκε, ότι βρίσκονταν σε διατεταγμένη υπηρεσία, λειτουργώντας ως δούρειος ίππος και να σχεδιάσουν στρατηγικές υπεράσπισης των λαών τους.

ΓΙΑΤΙ ΔΙΛΛΗΜΑ ΓΙΑ ΤΟ ΕΥΡΩ ΔΕΝ ΤΙΘΕΤΑΙ – ΤΙΘΕΤΑΙ ΟΜΩΣ ΔΙΛΛΗΜΑ ΓΙΑ ΤΗΝ ΚΟΙΝΩΝΙΚΗ ΕΙΡΗΝΗ ΜΕΣΑ ΣΤΗΝ ΕΥΡΩΠΗ

ΑΡΘΡΟ 10° – ΠΡΩΤΗ ΔΗΜΟΣΙΕΥΣΗ 18/1/2015

Η ΦΟΥΣΚΑ ΤΗΣ ΒΙΩΣΙΜΟΤΗΤΑΣ ΤΟΥ ΕΛΛΗΝΙΚΟΥ ΧΡΕΟΥΣ

Η Ελλάδα καλείται να αποπληρώσει 291 δισ. ευρώ, από τοκοχρεολύσια, μέχρι το 2030, σύμφωνα με τον πρώην εκπρόσωπο της Ελλάδας στο Διεθνές Νομισματικό Ταμείο, Παναγιώτη Ρουμελιώτη. Το ποσό αυτό ισοδυναμεί με το 160% του ΑΕΠ της χώρας, γεγονός που καθιστά ως de facto ότι το ελληνικό χρέος δεν είναι βιώσιμο.

Συνηθίζουμε να εκφράζουμε το χρέος ως προς το ΑΕΠ μιας χώρας, για να μπορούμε να βγάζουμε ακριβέστερα συμπεράσματα. Το ΑΕΠ είναι το άθροισμα της αξίας όλων των αγαθών και υπηρεσιών που παρήγαγε μια χώρα μέσα σε ένα έτος. Θα μπορούσαμε να το δούμε κάτι σαν τον ετήσιο τζίρο μιας χώρας.

Αν για παράδειγμα μια χώρα έχει χρέος 50% του ΑΕΠ της, σημαίνει πως μπορεί να το χειριστεί καλύτερα από μια άλλη χώρα που έχει χρέος 70% του ΑΕΠ. Αν μια χώρα όπως η δική μας έχει χρέος 160% του ΑΕΠ της , τότε το χρέος δεν είναι διαχειρίσιμο, δεν είναι βιώσιμο. Φυσικά δεν είναι αυτό το μόνο κριτήριο, αλλά το χρέος ως προς το ΑΕΠ αποτελεί το πλέον ποιοτικό κριτήριο του χρέους.

Το δημόσιο χρέος μιας χώρας είναι βιώσιμο, όταν η εθνική κυβέρνηση μπορεί να συνεχίσει την εξυπηρέτηση του, χωρίς να απαιτούνται εξωπραγματικές κοινωνικές παραχωρήσεις, είτε από είσπραξη εσόδων μέσω ουτοπιστικών φόρων, είτε από την συρρίκνωση μισθών και συντάξεων , που κανονικά θα έπρεπε να αναπροσαρμόζονται αυτόματα με το κόστος ζωής, αλλά και όταν έχουν δημιουργηθεί αναπτυξιακές προυποθέσεις, που θα ενισχύουν τους παραγωγικούς τομείς της χώρας, έτσι ώστε με την σειρά τους να γεμίζουν τα δημόσια ταμεία.

Απλοποιώντας μπορούμε να πούμε, ότι το δημόσιο χρέος μιας χώρας είναι βιώσιμο, όταν το επίπεδο αυτό του χρέους μπορεί να το "σηκώσει" η εγχώρια οικονομία.

Άρα το πρωτογενές πλεόνασμα και η βιωσιμότητα του χρέους βασίζονται σε εξωπραγματική προσαρμογή των εσόδων, εφόσον δεν απηχούν κοινωνικά και αναπτυξιακά την Ελλάδα.

Το πρόβλημα λοιπόν, καταλήγει να είναι σαφώς το ύψος του χρέους, το οποίο θα πρέπει να μειωθεί δραστικά, προκειμένου αφενός μεν να μπουν όλοι παραγωγικοί τομείς σε αναπτυξιακή τροχιά, για να γεννήσουν τα μελλοντικά έσοδα και αφετέρου να επανέλθουν μισθοί και συντάξεις σε κοινωνικά επιτρεπτά όρια για να ενισχυθεί η καταναλωτική δύναμη των νοικοκυριών και κατ' επέκταση η οικονομική δύναμη των μικρομεσαίων επιχειρήσεων, που τροφοδοτούν κατά κύριο λόγο την οικονομία και μειώνουν την ανεργία.

Πόσο εφικτό είναι τώρα, να γίνει δεκτή μια τέτοια απαίτηση της Ελλάδας προς την Ευρώπη...

Καταρχήν, αυτό δεν θα έπρεπε καν να τελούσε αίτημα της Ελλάδας προς της Ευρώπη, για διαπραγμάτευση. Θα έπρεπε, με βάση τα οικονομικά δεδομένα να το είχε εισηγηθεί η ίδια η Ευρώπη.

Εφόσον αυτό όμως δεν συνέβηκε, αντιβαίνοντας όλους τους οικονομικούς νόμους, που διέπουν την συγκεκριμένη συνθήκη, τότε πρέπει να γίνει επιτακτικά απαιτητό από την ίδια τη χώρα προς την Ευρώπη με όποιο υποτιθέμενο ρίσκο.

Και σίγουρα ρίσκο δεν λογίζεται, ότι αν δεχθεί η Ευρώπη τέτοιο αίτημα από την Ελλάδα, θα πρέπει να δεχθεί παρόμοια αιτήματα και από τις υπόλοιπες χρεωμένες χώρες, άρα δεν θα το δεχθεί... Αυτό δεν είναι καν πολιτική θέση. Αυτό σημαίνει ότι η διοίκηση της Ευρώπης δεν μπορεί να διαχειρισθεί το οικοδόμημα της Ενωμένης Ευρώπης και άρα είτε πρέπει να αλλάξει πολιτική, είτε πρέπει να διαλυθεί η Ενωμένη Ευρώπη, εφόσον δεν μπορεί να προσφέρει τίποτα στις συνεργαζόμενες χώρες, γιατί τα προσφερόμενα δάνεια δεν είναι προσφορά, είναι πελατειακή σχέση... μη γελιόμαστε.

Περίπου 40 δισεκατομμύρια ευρώ θα κόστιζε στην Γερμανία ένα κούρεμα του ελληνικού χρέους, ποσό μικρότερο από όσο θα κόστιζε στην Γερμανία μια ελληνική στάση πληρωμών ή ένα Grexit, σύμφωνα με την εκτίμηση του οικονομολόγου του Ινστιτούτου για την Παγκόσμια Οικονομία (IfW) Γιενς Μπόιζεν-Χογκρέφε.

Το Ινστιτούτο Οικονομικών Μελετών Ifo του Μονάχου εκτιμά επίσης, ότι οι απώλειες για την Γερμανία θα ήταν ακόμη μεγαλύτερες, εάν η Ελλάδα εγκατέλειπε την Ευρωζώνη, ενώ ο καθηγητής Οικονομίας του, Ifo Τίλο Βολμερσχόιζερ, υπολογίζει, ότι εάν η Ελλάδα φύγει από το ευρώ, θα πρέπει η Γερμανία να αναμένει απώλεια ύψους έως και 76 δισεκατομμυρίων ευρώ.

Το υποτιθέμενο Grexit δηλαδή, το οποίο και δεν προβλέπεται βάση Ευρωπαικών κανονισμών, θα στοιχίσει περίπου 2 φορές περισσότερο από ένα κούρεμα του Ελληνικού χρέους.

Καταλαβαίνοντας, ότι ο Ελληνικός λαός δεν είναι διατεθειμένος να αντέξει άλλο την λιτότητα και θα το δείξει με την ψήφο του στις επικείμενες εκλογές (53,7% δήλωσαν ότι επιθυμούν νέα διαπραγμάτευση του χρέους και νέα συμφωνία-Δημοσκόπηση GPO 7/1/2015), το σενάριο παίρνει άλλη τροπή αλλάζοντας τους ρόλους. Η Ελλάδα γίνεται διαχειριστής του παιχνιδιού και η Ευρώπη ακολουθεί...

Πρόσφατα :

- Το Ινστιτούτο Bruegel των Βρυξελλών διατύπωσε πρόταση διευθέτησης του ελληνικού χρέους που θα οδηγούσε σε μείωσή του κατά 17% του ΑΕΠ σε όρους καθαρής παρούσας αξίας ή κατά 31,7 δισ. ευρώ!

-Οι Financial Times υποστηρίξαν ότι οι πιστωτές χρειάζεται να σκεφτούν σοβαρά το αίτημα του ΣΥΡΙΖΑ για αναδιάρθρωση του χρέους, αλλά και την αύξηση του κατώτατου μισθού.

Άρα λοιπόν και το χρέος είναι πια κοινά αποδεκτό, ότι είναι μη βιώσιμο, αλλά και η μείωση του είναι εφικτή και μάλιστα με όρους, που μπορούν που να ωφελήσουν όλους.

Γιατί δεν υπάρχει καμία οικονομική, αλλά και Ευρωπαική βάση για να είναι η Γερμανία η μοναδική ευρωπαϊκή χώρα, στην οποία να χορηγείται ανακούφιση από το επίσημο χρέος της σε μεγάλη κλίμακα...

CHARLIE HEBDO

Το ανθρώπινο μίσος κόστισε 12 ζωές, σε επίθεση που έγινε στα γραφεία της σατιρικής εφημερίδας Charlie Hebdo στο Παρίσι, στις 7 Ιανουαρίου 2015.

Αιτία ήταν η επιλογή της γαλλικής εφημερίδας να σατιρίζει με έναν ιδιαίτερα προκλητικό τρόπο τη μουσουλμανική θρησκεία, που έφθανε στα όρια του ρατσισμού εις βάρος των μουσουλμάνων.

Οι τεταμένες σχέσεις της γαλλικής σατιρικής εφημερίδας με το Ισλάμ είχαν ξεκινήσει από το 2006, όταν η διεύθυνση είχε επιλέξει να αναδημοσιεύσει τα σκίτσα του Μωάμεθ – σκίτσα που δημοσιεύτηκαν πρώτη φορά στη Δανία. Τότε, εκπρόσωποι ισλαμικών κοινοτήτων στη γαλλική πρωτεύουσα είχαν κάνει αγωγή στο πρόσωπο του τότε διευθυντή του Charlie Hebdo, για δημόσια βλάβη σχετικά με τα θρησκευτικά πιστεύω ομάδας ατόμων.

Η διεύθυνση της εφημερίδας τους αγνόησε και συνέχισε την ακραία σάτιρα θεωρώντας ότι διαθέτει ασυλία, να προσβάλλει τα ήθη και έθιμα άλλων λαών.

Και στην συνέχεια έρχεται η επίθεση στο Charlie Hebdo, να καταδείξει ότι όταν η δικαιοσύνη είναι πρακτικά επιλεκτική απέναντι στους λαούς, απέναντι στα ήθη και έθιμα τους, που υποτίθεται ότι διασφαλίζονται με διεθνείς κανόνες δικαίου, οπλίζεται το ανθρώπινο μίσος να λειτουργήσει αντί αυτής και να σκορπίσει το θάνατο σε ανθρώπινες κοινότητες.

Και πρέπει να γίνει σαφές, ότι τα κίνητρα δεν δίνουν ελαφρυντικά στην όποια δολοφονική ενέργεια, η οποία καταδικάζεται από όλη την ανθρωπότητα, χρήζουν όμως περαιτέρω ανάλυσης , για να διαγνώσουμε τις καινούργιες πολιτικές ασθένειες, όπως είναι η τρομοκρατία, που προκύπτουν από την καταπάτηση των δικαιωμάτων των άλλων λαών.

Η όλη βάση αυτών των υποθέσεων είναι καθαρά πολιτική, γιατί επιβεβαιώνει το νόμο δράσης και αντίδρασης του Νεύτωνα, σύμφωνα με τον οποίο, για κάθε δράση μιας δύναμης, υπάρχει μια ίση και αντίθετη δύναμη αντίδρασης. Δράση είναι η επεμβατική πολιτική ορισμένων κρατών, που θεωρούν, ότι διαθέτουν το δικαίωμα της ιστορικής συνέχειας, να επιβάλλονται σε άλλα κράτη, προκειμένου να νέμονται το εθνικό τους πλούτο. Αντίδραση είναι η απάντηση των άλλων κρατών, που μοιραία τείνει να πάρει την εκδοχή της τρομοκρατίας, όταν δεν υπάρχει άλλος τρόπος υπεράσπισης των δικαιωμάτων τους.

Τρομοκρατία όμως ασκείται και από μέρους των ισχυρών, όταν η γοητεία της διπλωματίας παύει να προστατεύει τα δίκαια ή άδικα θέλω τους. Εκεί υιοθετείται η «νόμιμη» βία και εξαγνίζεται στην κολυμπήθρα του Σιλωάμ, ως η τελευταία λύση .

Χαρακτηριστική περίπτωση ο «πιασάρικος» ιμπεριαλιστικός τζιχαντισμός της Γαλλίας σε Συρία -Ιράκ- Λίβανο.

Χαρακτηριστική περίπτωση το αμερικάνικο moto «μπορώ να σκοτώσω χωρίς να πολεμήσω».
Αυτές οι τακτικές έχουν οδηγήσει την ανθρωπότητα σε πολλά ολοκαυτώματα...

Και θα συμπληρώσω τον αγαπημένο μου Ιταλό φιλόσοφο Ουμπέρτο Έκο, που πρόσφατα συνέκρινε τους τζιχαντιστές της οργάνωσης Ισλαμικό Κράτος με τους ναζί, εκφράζοντας την άποψη ότι μοιράζονται την ίδια παράφορη, «αποκαλυπτική επιθυμία να κατακτήσουν τον κόσμο», ότι για να είμαστε αντικειμενικοί θα πρέπει να μιλάμε για Δυτικό Κράτος που εκπαίδευσε άριστους μαθητές στο Ισλαμικό Κράτος, να χρησιμοποιούν ναζιστικές πρακτικές εξόντωσης στη σύγχρονη ιστορία, στοχοθετημένες στην αποκαλυπτική τους επιθυμία να κατακτήσουν τον κόσμο.

Εγώ προσωπικά, στις δολοφονικές πράξεις, δεν μπορώ να κάνω διάκριση σε νόμιμες και μη νόμιμες. Εκείνοι που μπορούν, γιατί τους νόμους τους φτιάχνουν κατά το δοκούν, θα πρέπει να είναι προετοιμασμένοι να δεχτούν την όποια αντίπραξη αντίστροφου ρατσισμού, ως οπισθοκίνητη εκπυρσοκρότηση του όπλου, που οι ίδιοι όπλισαν...

Εγώ προσωπικά, θα κάνω την δική μου προσωπική διαμαρτυρία, για την μαζική δολοφονία και δεν θα συμμετέχω στις επικοινωνιακές καμπάνιες που οργανώνουν, χρησιμοποιώντας αυτό το αποτροπιαστικό για την ανθρωπότητα έγκλημα, προκειμένου να κάνουν τονωτικές ενέσεις στην παρακμιακή πολιτική τους, αυτοί που το προκάλεσαν...

ΑΡΘΡΟ 12ο – ΠΡΩΤΗ ΔΗΜΟΣΙΕΥΣΗ 20/1/2015

ΕΚΛΟΓΙΚΕΣ ΕΚΤΙΜΗΣΕΙΣ ΜΕ ΑΡΩΜΑ ΑΝΑΤΡΟΠΗΣ

Η εκλογική κούρσα κορυφώνεται και ο λαός ανοίγει τελείως τα χαρτιά, που επιμελώς έκρυβε.

Θα πρέπει να γνωρίζουμε βέβαια, ότι η αδιευκρίνιστη ψήφος, σε πολύ μικρό ποσοστό της, ήταν ψήφος που δεν είχε αποφασισθεί. Το μεγαλύτερο ποσοστό της αδιευκρίνιστης ψήφου, ήταν αποφασισμένη ψήφος, που απλά δεν είχε εκφρασθεί.

Ζούμε πολιτικά ιστορικές στιγμές για την Ελλάδα, γιατί οι ανακατατάξεις ψηφοφόρων είναι μεγάλες στο ρεύμα τους, καθώς και οι δρασκελισμοί τους. Για παράδειγμα έχουμε ψηφοφόρους, από παραδοσιακά δεξιό φυσικό χώρο, που δεν μετακινούνται σε διπλανή πολιτική τους συνοικία , στο κέντρο δηλαδή, όπως συνέβηκε με την εκλογή της Κυβέρνησης ΠΑΣΟΚ το 1981, αλλά επιχειρούν τολμηρότερα βήματα , δηλαδή από την δεξιά παράταξη να μετακινηθούν στην αριστερά.

Αυτό σημαίνει δύο πράγματα :

1) Ότι η αριστεροφοβία έχει αρχίσει να εκλείπει στην Ελλάδα, με την παρουσία στο πολιτικό κατώφλι, της μοντέρνας αριστεράς που καταρτίστηκε από γενιές, που δεν έζησαν τους εμφυλίους και άρα δεν είναι διατεθειμένες να συνεχίσουν τις πολιτικές βεντέτες
2) Ότι όταν το πρόβλημα έγινε συλλογικό, όπως η κρίση της λιτότητας, η πολιτική τοποθέτηση του Έλληνα δεν μπορούσε να έχει μεγάλες αποκλίσεις, διότι από θεωρητική μετατράπηκε σε βιωματική.

Πιο συγκεκριμένα η δεξαμενή της αδιευκρίνιστης ψήφου ανοίγει και γεμίζει τα ποτήρια όχι όλων, αλλά πολύ συγκεκριμένων κομμάτων.

Βάση μελέτης των ελληνικών αλλά και κυρίως της έρευνας.μελέτης του Oxford Economics (το μεγαλύτερο Ινστιτούτο Ερευνών παγκοσμίως) επάνω στις ξένες δημοσκοπήσεις, κατέληξα στις εξής διαπιστώσεις:

-Όποιο μεγαλύτερο ποσοστό για ένα κόμμα, καταγραφόταν με σαφήνεια στις ξένες δημοσκοπήσεις , στις ελληνικές ήταν ακόμη στο καλάθι της αδιευκρίνιστης ψήφου

-Ότι στο βασικό ερώτημα, που τέθηκε από ελληνική δημοσκοπική εταιρία (GPO) σε δημοσκόπηση στις 8/1/2015, και αφορούσε εάν οι Έλληνες θέλουν καινούργια διαπραγμάτευση του χρέους, 53,7% απάντησε, ότι θέλει καινούργια διαπραγμάτευση και νέα συμφωνία με τη Ευρώπη. Το συγκεκριμένο ερώτημα αποτελεί και το διακύβευμα τον ερχόμενων εκλογών, γιατί τελικά για την θέληση του λαού πρόκειται και δείχνει καθαρά αυτόν που είναι κοντά στην πρώτη θέση και την αυτοδυναμία.

-ότι ερωτήματα όπως, ποιος είναι καταλληλότερος πρωθυπουργός, συσπειρώσεις μεγάλων κομμάτων κτλ έρχονται σε δεύτερη μοίρα, σε αντίθεση με τις ελληνικές για του εξής λόγους :

- δεν υπάρχει αξία σε ένα ερώτημα, ποιος είναι καταλληλότερος για πρωθυπουργός, όταν ό ένας από τα δύο συγκρινόμενα πρόσωπα, έχει διανύσει διοικητική και δη κυβερνητική θητεία και ο άλλος όχι.

- δεν μπορεί να γίνει σύγκριση μεταξύ της συσπείρωσης ενός κόμματος, που έχει μια ιστορική συνέχεια και ενός νέου κόμματος που το 2009 είχε μόλις 4,5% και ξεπετάχθηκε στα θεμέλια των αναγκών μιας ολόκληρης εποχής, διότι πολύ απλά το δεύτερο στην προκειμένη περίπτωση ο ΣΥΡΙΖΑ, δεν έχει ταβάνι και η δυναμική που αναπτύσσει καθώς και τα επιτεύγματα του, εάν ο λαός του δώσει την ευκαιρία να κυβερνήσει, θα προσδιορίσουν τους πραγματικούς του ψηφοφόρους.

-το δίλημμα «έξοδος ή παραμονή στο ευρώ» προκάλεσε πόλωση και θα αποδυναμώσει τα μικρά κόμματα προς όφελος του ΣΥΡΙΖΑ, διότι η ΝΔ έχει λιγότερα μικρότερα κόμματα, από τα οποία θα μπορούσε να αντλήσει ψηφοφόρους.

-ο ΣΥΡΙΖΑ έχει δημιουργήσει σοβαρές προυποθέσεις για αυτοδυναμία και τα ποσοστά του θα κυμανθούν από 35-40%. Για ποσοστό χαμηλότερο του 40%, θα εξαρτηθεί από τα μικρότερα κόμματα, που θα μείνουν εκτός βουλής, εάν τελικά εξασφαλίσει την αυτοδυναμία.

-η ΝΔ δεν θα ξεπεράσει το ποσοστό του30%

-η διαφορά της ΝΔ με το ΣΥΡΙΖΑ θα κινηθεί από 5-10 ποσοστιαίες μονάδες υπέρ ΣΥΡΙΖΑ, διαφορά η οποία δεν έκλεισε ποτέ ουσιαστικά από τις Ευρωεκλογές.

- η αδιευκρίνιστη ψήφος είναι τιμωρητική ψήφος στην πλειοψηφία της και σε μικρότερο ποσοστό συντάσσεται με το κόμμα που εμφανίζει παράσταση νίκης. Η αδιευκρίνιστη ψήφος δεν έχει αριστερή προέλευση , έχει καθαρά συντηρητική και κεντρώα προέλευση και αυτό θα εμφανιστεί πιο έντονα στην περιφέρεια. Για αυτό η αδιευκρίνιστη ψήφος, είναι εκείνη, που θα θέσει τις προυποθέσεις :

- για την αυτοδυναμία του ΣΥΡΙΖΑ
- για την τοποθέτηση της Χρυσής Αυγής στην τρίτη θέση

Αυτό σημαίνει, ότι παραδοσιακά κυρίως δεξιοί αλλά και κεντρώοι ψηφοφόροι θα μετακινηθούν προς ΣΥΡΙΖΑ, αλλά και προς την Χρυσή Αυγή.

-το ΚΚΕ και το κόμμα Παπανδρέου- Κίνημα Δημοκρατών Σοσιαλιστών θα παλέψουν για την τέταρτη θέση.

-Το Ποτάμι θα καταλάβει την έκτη θέση.

-Και η ΑΝΕΛ την έβδομη θέση

- Έξω από την βουλή θα μείνουν ΠΑΣΟΚ, ΔΗΜΑΡ ΛΑΟΣ

Συμπερασματικά, μιλάμε λοιπόν για μια επτακομματική βουλή, που δεν θα θυμίζει σε τίποτα, ούτε καν το πρόσφατο παρελθόν. Τα καινούργια κόμματα είναι αυτά, που θα δώσουν το άρωμα της καινούργιας βουλής εκτός του ΚΚΕ, που αποτελεί σταθερή αξία. Τα καινούργια κόμματα είναι αυτά που θα συνθέσουν και την πολιτική περίοδο που ακολουθεί.

Μια τέτοια εικόνα βέβαια δεν ήταν πολύ δύσκολο να αποκρυπτογραφηθεί, εφόσον υπήρχαν και τα ιστορικά δεδομένα των Ευρωεκλογών. που ουσιαστικά έπαιξαν το ρόλο εθνικών εκλογών. για εκείνο το διάστημα και έτσι αποτέλεσαν ένα προγύμνασμα για τον ΣΥΡΙΖΑ, να διεκδικήσει σοβαρά την εξουσία σε μια χώρα που βυθιζόταν στην καταστροφή και την ανέχεια.

ΚΑΛΗ ΨΗΦΟ ΣΥΝΕΛΛΗΝΕΣ

ΑΡΘΡΟ 13° – ΠΡΩΤΗ ΔΗΜΟΣΙΕΥΣΗ 27/1/2015

ΠΑΡΑΔΟΣΗ - ΠΑΡΑΛΑΒΗ ΤΟΥ ΜΕΛΛΟΝΤΟΣ ΤΗΣ ΧΩΡΑΣ

Η εκλογική αναμέτρηση στις 25/5/2015 ανέδειξε νικητή, τη θέληση του λαού, να σπάσει τα δεσμά του μνημονίου και να προσπαθήσει με ελεύθερο βηματισμό να συναντήσει το μέλλον του, ακόμη κι αν αυτή η προσπάθεια αποτελεί άλλο ένα test drive προς την ελευθερία.

Τα χρόνια της φτωχοκρατίας δοκίμασαν πολύ τον ελληνικό λαό, αποτέλεσαν όμως και εκπαιδευτική διαδικασία πολιτικού προσανατολισμού, καθώς ξερίζωσαν ιδεολογικά στερεότυπα και προγονικές προκαταλήψεις.

Η αριστεροφοβία, μέσω της οποίας ολόκληρες πολιτικές γενιές οδηγούνταν στην εξουσία, αποτελεί παρελθόν. Ηττήθηκε πολιτικά, θρησκευτικά μα ακόμη και μηχανιστικά, καθώς η τεχνολογία δημιουργία της στηριζόταν σε παρωχημένη πολιτική τεχνογνωσία του παρελθόντος.

Η πολιτική ορθότητα, ή αλλιώς η politically correct νοοτροπία, χάνει έδαφος, κάτω από το βάρος των ουσιαστικότερων για τον άνθρωπο αναγκών, που ιεραρχούνται πια με προτεραιότητες, που αφορούν το ιστορικό του παρόν και μέλλον.

Οι θρησκευτικοί όρκοι επαναπροσδιορίζονται, σε όρκους εντιμότητας προς την θρησκευτική αξία του ανθρώπου. Οι ιδεολογικές δεσμεύσεις αντικαθιστούν την θρησκευτική τυπολατρία και η ευλάβεια αποκτά ελεγκτικό χαρακτήρα απέναντι στο μέλλον ενός κόσμου, που συντίθεται και ανασυντίθεται, από την αναλγησία των δυνατών προς τους αδύνατους.

Μέσα σε ένα κλίμα διχαστικών για το έθνος επικοινωνιακών γραμμών, το έθνος επιχειρεί, κάνοντας μικρές ή μεγάλες ανατροπές, δίνοντας ψήφο εμπιστοσύνης σε καινούργια μικρά ή μεγάλα κόμματα, να πετάξει από την πλάτη του τα αφεντικά και να αλλάξει την ιστορία του.

Τα αντανακλαστικά της Δημοκρατίας αρχίζουν να λειτουργούν και ο πολιτικά κακοποιημένος πολίτης σπεύδει να οργανωθεί σε ομάδες πολιτικής ομοιοπαθητικής, ανά την Ευρώπη, μα ακόμη και ανά τον κόσμο.

Κινήματα και κόμματα με διαφορετικές προελεύσεις προσπαθούν να αποκωδικοποιήσουν την αξία της Δημοκρατίας, επιχειρώντας πιο ουσιαστική προσαρμογή της στην κοινωνία των ανθρώπων και συνενώνονται σε κοινές εκφράσεις διαμαρτυρίας, απέναντι στο bullying της πολιτικής και οικονομικής τάξης που κυριαρχεί στα πράγματα.

Οι ιστορικές στιγμές που ζούμε, χαρακτηρίζονται από την αίσθηση μιας πνευματικής επανάστασης, που βασίζεται στον αποφωτισμό των αξιών του φιλελευθερισμού και νεοφιλελευθερισμού, καθώς ο άνθρωπος αντιλαμβάνεται τα πραγματικά τους νοήματα και τα αποτελέσματα της εφαρμογής τους και στην επανεκκίνηση ενός μετεξελιγμένου κευνσιανού μοντέλου, που θα ελέγχει ή αλλιώς θα ρυθμίζει τη ροή του μεγάλου κεφαλαίου.

Αυτό αποδεικνύουν και οι πολιτικές αλλαγές στην Ελλάδα, που μέλλει να αποτελέσουν και το εναρκτήριο λάκτισμα για αλλαγές σε όλη την υπόλοιπη Ευρώπη.

Καινούργια διλλήματα που αφορούν την πραγματική πάλη των λαών με την παρακμή της λιτότητας και την υποτίμηση της εθνικής τους κυριαρχίας, παίρνουν τον χαρακτήρα δημοψηφισμάτων και αφήνουν πίσω τους φθαρμένες έννοιες όπως η Ενωμένη Ευρωπαική οικογένεια.

Χαρακτηριστικό παράδειγμα αποτελεί η υιοθέτηση πολιτικών moto, που έχουν να κάνουν με την ελληνική κοινωνία και τις ανάγκες της από πλευράς του μεγάλου καινούργιου κόμματος που αναδύθηκε στην Ελλάδα , του ΣΥΡΙΖΑ σε αντίθεση με το πολιτικό του αντίπαλο τη ΝΔ, που επιδόθηκε σε μια σειρά antimoto απέναντι στον ΣΥΡΙΖΑ , κατά την διάρκεια της προεκλογικής εκστρατείας.

Πιο συγκεκριμένα ενώ ο ΣΥΡΙΖΑ αξιοποίησε τον επικοινωνιακό του χρόνο προβάλλοντας ένα προγραμματικό λόγο, που είχε φτιάξει επάνω στις σύγχρονες ανάγκες του ελληνικού λαού, η ΝΔ αναλώθηκε σε μια ανταγωνιστική κριτική απέναντι στο ΣΥΡΙΖΑ, όχι σε επίπεδο όμως προγράμματος, αλλά κομματικής υπεροχής, με παρωχημένα ευφυολογήματα, δίνοντας έτσι στον ΣΥΡΙΖΑ διπλάσιο επικοινωνιακό χρόνο, από αυτόν που μπορούσε από μόνο του να χρησιμοποιήσει.

Είδαμε λοιπόν μια ΝΔ να πλαγιοκοπεί χωρίς εργαλεία προγράμματος το ΣΥΡΙΖΑ, με διλλήματα του τύπου «εντός ή εκτός ευρώ», που είχαν ήδη απαντηθεί από τον Ελληνικό λαό χρόνια πριν, και να επιχειρεί εμφυλιοπολεμική σύρραξη σε ένα λαό που προσπαθεί να επιβιώσει από την ανέχεια.

Αυτές οι μέθοδοι ακολουθήθηκαν και μετεκλογικά, όταν η τυπικά ανύπαρκτη παράδοση του κράτους συμβόλιζε και την ουσιαστικά ανύπαρκτη παράδοση του μέλλοντος της χώρας. Η κάθε επικοινωνιακή καμπάνια όμως προεκλογική ή μετεκλογική αντανακλά πάντα και τον χαρακτήρα του πολιτικού αρχηγού που υπηρετεί.

ΙΣΛΑΝΔΙΑ – ΤΟ ΠΑΡΑΔΕΙΓΜΑ ΕΞΟΔΟΥ ΑΠΟ ΤΗΝ ΚΡΙΣΗ

Για όσους φοβούνται την χρεοκοπία, ας ρίξουν μια ματιά στην Ισλανδία, μία μικρή χώρα, που κατάφερε να ξεπεράσει την οικονομική κρίση, τοποθετώντας τον λαό κυρίαρχο, στις πολιτικές που ακολούθησε, για να βγει από το αδιέξοδο.

Η Ισλανδία υπήρξε ένα από τα πρώτα θύματα της χρηματοπιστωτικής κρίσης του 2008. Η κατάσταση της τότε, ήταν χειρότερη και από αυτήν της Ελλάδας. Σήμερα η Ισλανδία, έχει ανακάμψει πλήρως, παρουσιάζοντας ανάπτυξη της τάξης του 2,5% ετησίως , κάτι που ελάχιστες ευρωπαϊκές χώρες μπορούν να καυχηθούν πλέον ότι εμφανίζουν, ενώ η ανεργία της έχει πέσει κάτω από το 5% και η εμπιστοσύνη των αγορών αποκαθίσταται.

Αλλά ας πάρουμε τα πράγματα από την αρχή.

Η Ισλανδία, με πληθυσμό περίπου 320 χιλιάδες κατοίκους, ήταν μια αρκετά πλούσια χώρα. Το 2003, το νεοφιλελεύθερο κυβερνητικό καθεστώς ιδιωτικοποίησε όλες τις τράπεζες, με στόχο την προσέλκυση ξένων επενδύσεων. Οι τράπεζες αυτές , δείχνοντας μεγάλα ποσοστά κερδών, μέσω των λογαριασμών IceSave, προσέλκυσαν πολλούς Βρετανούς και Ολλανδούς επενδυτές. Παράλληλα όμως, με την αύξηση των επενδύσεων, αυξανόταν και το εξωτερικό χρέος των τραπεζών.

Το 2003, το χρέος της Ισλανδίας έφθασε το 200% του ΑΕΠ, ενώ το 2007 σκαρφάλωσε στο ασύλληπτο 900%. Οι τρεις βασικές τράπεζες της Ισλανδίας, Landbanki, Kapthing και η Glitnir πτώχευσαν. Η κορόνα έχασε το 85% της αξίας της έναντι του Ευρώ και στο τέλος του ίδιου χρόνου η Ισλανδία κήρυξε πτώχευση.

Οι διεθνείς οικονομικοί κύκλοι πίεζαν την Ισλανδία να πάρει δραστικά μέτρα, φορτώνοντας τα βάρη στην πλάτη του λαού. Το ΔΝΤ και η ΕΕ ήθελαν «αγοράσουν» το χρέος, με το επιχείρημα, ότι αυτός ήταν ο μόνος τρόπος για να μπορέσει η Ισλανδία να ξεπληρώσει την Βρετανία και την Ολλανδία.

Θα πρέπει να εξηγήσουμε εδώ, ότι η αγορά χρέους μιας χώρας, συνιστά «πελατειακή σχέση». Όποιος αγοράζει δηλαδή χρέος, στοχεύει να βγει κερδισμένος από την διαδικασία, καθώς αποτελεί μια καθαρά οικονομική συναλλαγή. Κανείς λοιπόν δεν κάνει χάρη σε κανέναν. Το ίδιο συμβαίνει και με την Ελλάδα.

Ο λαός αντέδρασε σκληρά , με αποτέλεσμα να παραιτηθεί η τότε κυβέρνηση και να οδηγηθεί η χώρα σε πρόωρες εκλογές, το 2009.

Η νέα κυβέρνηση αποτελούνταν από έναν αριστερό συνασπισμό, ο οποίος καταδίκασε μεν το νεοφιλελεύθερο οικονομικό σύστημα, πλην όμως ήταν έτοιμος να δανειστεί χρήματα για να αποπληρώσει τις τράπεζες, όταν ο πρόεδρος της χώρας, Όλαφ Γκρίμσον, αρνήθηκε να επικυρώσει τον νόμο, ο οποίος ανάγκαζε τους πολίτες να σηκώσουν τα βάρη των Ισλανδών τραπεζιτών και αποφάσισε να διενεργήσει δημοψήφισμα.

Στο δημοψήφισμα, τον Μάρτιο του 2010, το 93% των Ισλανδών ψήφισε κατά της πληρωμής των χρεών. Το ΔΝΤ πάγωσε τους δανεισμούς αμέσως, αλλά ο λαός δεν πτοήθηκε.

Έτσι ξεκίνησαν μια σειρά έρευνες για αστικές και ποινικές ευθύνες, κατά των υπευθύνων για την οικονομική κρίση. Όμως οι Ισλανδοί δεν σταμάτησαν εκεί και αποφάσισαν να υιοθετήσουν νέο σύνταγμα, το οποίο θα απάλλασσε την χώρα από την κυριαρχία των ξένων κέντρων οικονομίας.

Φυσικά η διεθνής κοινότητα δεν το άφησε να περάσει έτσι. Η Βρετανία και η Ολλανδία απειλούσαν με σκληρή καταστολή, η οποία θα οδηγούσε τη χώρα σε απομόνωση. Η Βρετανική κυβέρνηση απειλούσε να παγώσει τις καταθέσεις και τις αποταμιεύσεις των Ισλανδών. Το ΔΝΤ απειλούσε να στερήσει στη χώρα οποιαδήποτε βοήθεια, λίγο πριν διενεργηθεί το δημοψήφισμα.

Αναφέρει χαρακτηριστικά στην Deutsche Velle, ο πρόεδρος της χώρας : «Μας έλεγαν αν δεν δεχθούμε τους όρους τους, θα γίνουμε η Κούβα του Βορρά. Ναι, αλλά αν συμφωνούσαμε θα γινόμασταν η Αϊτή του Βορρά».

Τι έκανε λοιπόν η Ισλανδία;

Όταν διέγνωσαν, ότι η κρίση πέρα από οικονομική ήταν και βαθιά πολιτική και κοινωνική, αποφάσισαν να κάνουν κοινωνικές μεταρρυθμίσεις, να στηρίξουν το κράτος πρόνοιας και να αφήσουν τις τράπεζες, οι οποίες είχαν προκαλέσει την κρίση, να χρεοκοπήσουν και έτσι οι φορολογούμενοι δεν επιβαρύνθηκαν με τα χρέη των τραπεζών. Γιατί δεν γίνεται, όταν έχουν επιτυχία να σημειώνουν τεράστια κέρδη, που διανέμονται σε ιδιώτες και όταν αποτυγχάνουν να καλείται ο φορολογούμενος λαός να πληρώσει τον λογαριασμό.

Ο Όλαφ Γκρίμσον, αρνήθηκε δύο φορές να υπογράψει νομοθεσία, σύμφωνα με την οποία, η χώρα του θα επέστρεφε στη Βρετανία τα 2,8 δισεκατομμύρια ευρώ, που της οφείλει, μετά την κατάρρευση του τραπεζικού συστήματος το 2008, αναγκάζοντας τη βρετανική κυβέρνηση να αποζημιώσει τους Βρετανούς καταθέτες που είχαν λογαριασμούς σε ισλανδικές τράπεζες και αναγνώρισε μόνο τους Ισλανδούς καταθέτες δηλώνοντας «Η οικονομία δεν είναι απλώς η ηχώ των τραπεζών. Είναι μια κοινωνία ανθρώπων. Αν δεν νιώθουν δυνατοί, δεν έχει σημασία τι φορολογικά μέτρα θα πάρεις. Αυτό φάνηκε μέσω δημοψηφίσματος.»

Η Ευρωπαϊκή Επιτροπή μπήκε στη δικαστική διαμάχη εναντίον της Ισλανδίας, υποστηρίζοντας ότι η χώρα είχε παραβιάσει την ευρωπαϊκή οδηγία για την εγγύηση των καταθέσεων και τους κανόνες μη διάκρισης καταθετών.

Το δικαστήριο δικαίωσε την Ισλανδία και επεσήμανε, ότι το ρυθμιστικό πλαίσιο του χρηματοπιστωτικού συστήματος θα πρέπει να αναθεωρηθεί, στη βάση της ενίσχυσης της χρηματοπιστωτικής σταθερότητας, εν μέσω οικονομικής κρίσης. Αυτή η απόφαση συνέθλιψε τις περίφημες πολιτικές διάσωσης της Ευρωπαικής Ένωσης, τις οποίες ανάγκαζε την κάθε χώρα με χρέος, να υιοθετήσει, βουλιάζοντάς την ακόμη περισσότερο στο δανεισμό και εκτινάσσοντας το χρέος της σε απίστευτα ύψη.

Η Ισλανδία κατάφερε να υπερβεί με επιτυχία την κρίση, επειδή την αντιμετώπισε με εντελώς διαφορετικό τρόπο από τις χώρες της ευρωζώνης.

Πολλοί υποστηρίζουν, ότι η Ισλανδία τα κατάφερε επειδή απλά είχε το δικό της νόμισμα και δεν ήταν μέλος της ευρωζώνης. Φυσικά και βοήθησε, το γεγονός , ότι είχε το δικό της νόμισμα, το οποίο και υποτίμησε, αλλά ο κύριος λόγος που βγήκε από την κρίση, ήταν γιατί έκανε το λαό συμμέτοχο σε όλες τις πολιτικές και κοινωνικές μεταρρυθμίσεις.

Και διερωτάται κανείς… Αν η Ισλανδία, αυτή η μικρή χώρα των ψαράδων και αγροτών κατάφερε να ορθοποδήσει, τότε η Ελλάδα με τον τεράστιο ορυκτό πλούτο θα πρέπει να δημιουργήσει τέτοια οικονομία, που να εξασφαλίσει και τις γενιές του μέλλοντος.

Αλλά αυτό φυσικά μπορεί να συμβεί, μόνο όταν η Ελλάδα διαχειριστεί το πλούτο της η ίδια και δεν παραμείνει υποτελής στα ξένα συμφέροντα, που την απομυζούν μέσω των δυσβάστακτων δανεισμών.

Και σε αυτήν όμως την συνθήκη, ένας μόνο μπορεί να μπει εγγυητής και αυτός είναι ο ίδιος ο λαός…

ΑΡΘΡΟ 15ᵒ – ΠΡΩΤΗ ΔΗΜΟΣΙΕΥΣΗ 4/2/2015

Η ΑΒΑΣΤΑΧΤΗ ΕΛΑΦΡΟΤΗΤΑ ΤΗΣ ΠΟΛΙΤΙΚΗΣ

Συνηθίζεται, να ορίζεται η πολιτική, ως η τέχνη του εφικτού. Αυτή η θεώρηση πρέπει να αλλάξει.

Πολιτική είναι η τέχνη του να διεκδικείς, ως εκλεγμένος αντιπρόσωπος ενός λαού τα νόμιμα και δίκαια για τον λαό σου και να εργάζεσαι συνολικά προς αυτήν την κατεύθυνση.

Το εφικτό, φιλοσοφικά, έχει αφηρημένο χαρακτήρα και σε καμιά περίπτωση δεν πρέπει να συνδυάζεται εννοιολογικά με δράσεις, που στηρίζονται σε συγκεκριμένο αξιακό άξονα, ο οποίος έχει θεσμοθετηθεί από τα συντάγματα των λαών.

Γιατί το δίκαιο και θεσμοθετημένο πολλές φορές δεν είναι εφικτό στην υλοποίησή του. Και τούτο σε καμιά περίπτωση δεν σημαίνει, ότι θα πρέπει να είναι και μη διεκδικήσιμο.

Εφικτό χαρακτήρα μπορεί να έχει μια εξουσία της πολιτικής, η εκτελεστική, ή αλλιώς διοικητική, καθώς η επιτυχία της καθορίζεται από την υλοποίηση νομοθετημένων δοκιμίων. Και εκεί όμως, όταν δεν ασκούνται οι κατάλληλες λειτουργίες ελέγχου, διεύθυνσης, εποπτείας και διαχείρισης, δεν παράγεται ούτε το εφικτό. Για αυτό και όταν σε μία χώρα ξεσπάει πολιτική κρίση, μειώνεται η κοινοβουλευτική δράση και αναπτύσσεται η εκτελεστική εξουσία.

Η νομοθετική εξουσία της πολιτικής, που αποτελεί και την πιο σημαντική λειτουργία της, δεν στηρίζεται στο εφικτό, αλλά στο όραμα που έχεις δημιουργήσει για την χώρα σου, σε όλους τους τομείς ανάπτυξης της. Η νομοθετική εξουσία αφορά όλο το κοινοβουλευτικό σώμα, το οποίο καλείται να σχεδιάσει και να ψηφίσει τα σύνορα της διεκδίκησης στον εσωτερικό ή εξωτερικό στίβο.

Απώτερο στόχο αποτελεί η ποσοτική και ποιοτική εξέλιξη όλων των δεικτών της χώρας, συμπεριλαμβανομένων και των κοινωνικών, ενώ απαραίτητες προυποθέσεις είναι η πατριδοφιλία και η ανθρωποφιλία.

Διαφορετική μεταχείριση της νομοθετικής εξουσίας, ως αποκύημα ενδοτικής σχέσης σε ξένα συμφέροντα, που λυμαίνονται τη χώρα και τους ανθρώπους της, αποτελεί όχι μόνο βλαπτική πράξη, αλλά και πράξη εθνικής προδοσίας.

Πολλές φορές τα όρια ενός νομοθετήματος μπορεί να αγγίζουν τα όρια του τυπικά, αλλά όχι και ουσιαστικά ανέφικτου, ειδικά όταν πρόκειται για την συμμετοχή της χώρας σε σχήματα, που δεν της εξασφαλίζουν την ισότιμη ευημερία για τον λαό της.

Ένα τέτοιο σχήμα αποτελεί και η σημερινή Ευρωπαϊκή Ένωση. Ως εγγυητής της νομισματικής και κοινωνικής ισότητας και κατ' επέκταση ενότητας, θα έπρεπε να αποκαθιστά χειρουργικά την όποια δυσλειτουργία στην αναπτυξιακή πορεία όλων τα λαών, που συμμετέχουν και όχι να ακρωτηριάζει σαν χασάπης το χέρι, επειδή πόνεσε το δάχτυλο.

Η τρέχουσα κατάσταση συνιστά μια σύγχρονη μορφή αποικιοκρατίας, που χρησιμοποιεί ως όπλο επίταξης το ευρώ, αποδομώντας κάθε εθνικό σύνορο αξιοπρέπειας.

Σ' αυτή τη περίπτωση οφείλει η πολιτική να είναι έξτρα διεκδικητική, απέναντι στις παροχές που τυπικά πιστώθηκε, προκειμένου να υπογράψει αυτό το «σύμφωνο νομισματικής αλληλεγγύης», κυρίαρχα υπηρετώντας το λαό που της έδωσε τη σκυτάλη.

Οφείλει επίσης, η πολιτική να έχει μαζικά αποδέκτες, σε όλο το κοινοβουλευτικό σώμα. Φράξιες με τα εξωγενή συμφέροντα αποτελούν «εφικτές» πράξεις πραξικοπηματικού χαρακτήρα, πράξεις δηλαδή, ενάντια στη θέληση του ίδιου του λαού.

Για αυτό λοιπόν η πολιτική δεν είναι η τέχνη του εφικτού, αλλά η τέχνη του να σχεδιάζεις ένα όραμα, που θα συστεγάζει τον δικό σου λαό και τους άλλους, που αποτελούν τους συνιδιοκτήτες του ίδιου σύμπαντος, ισότιμα.

Και ετούτη η ανθρωπότητα εξελίχθηκε σε βάσεις, που ποτέ δεν αποτελούσαν την εφικτή πραγματικότητα του ανθρώπου, όπως την όριζε το εκάστοτε σύστημα, αλλά αποτελούσαν την τόλμη που διακατείχε χαρισματικούς αφανείς ή εμφανείς ηγέτες ή ηγετικές ομάδες, να έρχονται σε σύγκρουση με το παρασιτικό πολιτικό και οικονομικό κατεστημένο.

ΑΡΘΡΟ 16ο – ΠΡΩΤΗ ΔΗΜΟΣΙΕΥΣΗ 6/2/2015

ΚΑΤΣΕ ΚΑΙ ΕΣΥ ΣΤΟ ΤΡΑΠΕΖΙ ΤΩΝ ΔΙΑΠΡΑΓΜΑΤΕΥΣΕΩΝ ΓΙΑ ΤΟ ΧΡΕΟΣ

ΣΥΝΤΑΓΜΑ –ΛΕΥΚΟΣ ΠΥΡΓΟΣ

ΤΕΤΑΡΤΗ 11/2 – ΩΡΑ 18:00ΜΜ

ΚΥΡΙΑΚΗ 15/2 – ΩΡΑ 18:00ΜΜ

Είναι κληροδότημα της μοίρας, η Ελλάδα να πρωτοστατεί στις αλλαγές που συντελούνται, σε αυτόν εδώ τον κόσμο.

Όταν οι άλλοι λαοί προσπαθούν να ξεφύγουν από το οικονομικό σπαθί του δυνατού, η Ελλάδα σχεδιάζει την φιλοσοφία εκείνη, που θα σταθεί, ως πνευματικό οδόφραγμα στην επέλαση των «Ούννων».

Όταν οι άλλοι λαοί συνθηκολογούν τον θάνατο τους, η Ελλάδα ανατρέπει τα δεδομένα και εξεγείρεται.

Όταν οι άλλοι λαοί εξαυλώνονται από τον πολιτικό επεκτατισμό, η Ελλάδα δημιουργεί κοινωνικούς Παρθενώνες, που να χωράνε όλους τους θεούς του κόσμου και τους λαούς τους μαζί.

Η διαπραγμάτευση του χρέους της χώρας, με όρους που να υπακούν τον άνθρωπο και όχι τους αριθμούς, δεν αποτελεί επιτακτική ανάγκη μόνο για την Ελλάδα, αλλά για όλη την Ευρώπη και ολόκληρο τον κόσμο.

Και αυτή η διαπραγμάτευση γίνεται ουσιαστικά με τον ίδιο το λαό.

Και είναι η πρώτη φορά, που η θέληση του λαού μεταφέρεται αναλλοίωτη, προς την άλλη πλευρά. Ίσως για αυτό, να προκαλεί τόσες αντιδράσεις, σε αυτούς, που ποτέ δεν μετέφεραν την πραγματική θέληση, κανενός λαού, σε αυτόν εδώ τον πλανήτη.

Για όλους αυτούς τους λόγους αποτελεί εθνικό καθήκον του κάθε Έλληνα και της κάθε Ελληνίδας, να συμμετέχει στις παλλαικές συγκεντρώσεις, που θα γίνουν την Τετάρτη 11/2 και Κυριακή 15/2 στις 18:00μμ, στο Σύνταγμα και στον Λευκό Πύργο, αλλά και σε κάθε άλλη μεγάλη πλατεία της χώρας.

ΓΙΑΤΙ Η ΕΛΛΑΔΑ ΔΙΑΠΡΑΓΜΑΤΕΥΕΤΑΙ ΜΕ ΤΟ ΛΑΟ ΤΗΣ…

ΑΡΘΡΟ 17ο – ΠΡΩΤΗ ΔΗΜΟΣΙΕΥΣΗ 12/2/2015

Ο ΑΓΩΝΑΣ ΤΗΣ ΔΙΑΠΡΑΓΜΑΤΕΥΣΗΣ ΚΑΙ Ο ΔΟΥΡΕΙΟΣ ΙΠΠΟΣ

Αυτές τις ημέρες διεξάγονται κρίσιμες διαπραγματεύσεις της Κυβέρνησης με την Ευρωπαϊκή Επιτροπή, που θα καθορίσουν το μέλλον της χώρας.

Ο πρωθυπουργός έχοντας κάνει έναν επίπονο κύκλο συνομιλιών, κάθεται στο τραπέζι με τους εταίρους και προσπαθεί να εξαντλήσει όλα τα περιθώρια, προκειμένου η χώρα να διεκδικήσει αυτά που της ανήκουν οικονομικά, κοινωνικά, ηθικά.

Η υποβασταζόμενη Ελλάδα, από τον πρωθυπουργό, προσπαθεί να βρει το δρόμο της στο νοσοκομείο, προτού αφήσει την τελευταία της πνοή στα σκαλιά της Ευρωπαϊκής Ένωσης.

Την ίδια στιγμή, οι προγραμματικές δηλώσεις της καινούργιας Κυβέρνησης έχουν δημιουργήσει μια κατάσταση φρενίτιδας, στους περισσότερους πολιτικούς και οικονομικούς κύκλους. Η αναφορά τους στην πραγματιστική προσέγγιση της φοροδιαφυγής, του οικονομικού εγκλήματος και της διαπλοκής με τα πολιτικά πρόσωπα, τα media και τις παράγωγες επικοινωνιακές τους ακτίνες, έχει δυναμιτίσει το κλίμα και παράγει κυκλοθυμικές αντιδράσεις, από το πολιτικό και οικονομικό κατεστημένο στην Ελλάδα.

Πολιτικοί που θεωρούν ότι έχουν χάσει το ρόλο του παράγοντα, διότι με τις νέες συνθήκες καταργείται ο πολιτικός παραγοντισμός, υψώνουν κορώνες και κατά Τσίπρα και Βαρουφάκη και επιδίδονται σε υβριστικούς επιθετικούς προσδιορισμούς, όχι μόνο κατά των προαναφερθέντων, αλλά και κατά του ελληνικού λαού, που συμπορεύεται με μια κυβέρνηση, που τολμάει να αλλάξει την πεπατημένη.

Οικονομικοί παράγοντες που φοβούνται για τα οικονομικά σκάνδαλα, που θα βγουν στην επιφάνεια, για την κουτάλα που έγινε κουταλάκι, κρύβονται επιμελώς κάτω από τον μανδύα των επικοινωνιακών τους εργαλείων και προωθούν επικοινωνιακούς «εκτελεστές» της κοινής γνώμης, που όμως δεν εκβιάζεται πια.

Εκπομπές και εκπομπίσκοι, προσπαθούν να παρουσιάσουν ακόμη και την έκφραση συμμετοχής του λαού στα πολιτικά δρώμενα, μέσω συγκεντρώσεων, ως απόχρωση ρεβανσισμού μιας αριστερής κυβέρνησης, γελοιοποιώντας το δυναμικότερο όπλο του λαού, το δικαίωμα του να διαδηλώνει για τα αιτήματα του.

Ακροβολισμένοι σχολιαστές εξαπολύοντας φοβική ρητορική, προσπαθούν να μειώσουν τα αντανακλαστικά της κοινής γνώμης, η οποία συντάσσεται σχεδόν καθολικά με την διερεύνηση μιας καλύτερης προοπτικής για τη χώρα.

Συνολικά, πολιτικοί και οικονομικοί παράγοντες έχουν αφοσιωθεί σε έναν αγώνα αντίπλευσης με την κυβέρνηση, προσπαθώντας τα διασώσουν τα συμφέροντα τους που κινδυνεύουν, χρησιμοποιώντας ένα τσούρμο αφομοιωμένων και οικονομικά αναλώσιμων πομπανθρώπων, προκειμένου να διχάσουν το λαό και να απασφαλίσουν την ασφαλιστική δικλείδα της Κυβέρνησης. Στόχος, να δημιουργηθεί ένα εσωτερικό μέτωπο, που παράλληλα με το εξωτερικό θα αποσταθεροποιήσει την Κυβέρνηση και θα τη ρίξει. Στόχος, ένα βελούδινο πραξικόπημα...

Τα σύγχρονα προβοκάτσια όμως σε έναν λαό, που δεν χρειάζεται πλέον σίδερα και αστυνομία για να διαδηλώνει, στα πλαίσια της τάξης, προκαλούν μάλλον αντίδραση παρά συμβιβασμό. Γιατί αντιλαμβάνεται, ότι από τότε που εφευρέθηκε ο συμβιβασμός ενοχοποιήθηκε το δίκαιο, άρα και η διεκδίκησή του...

Και αυτό αποτελεί και το ανταγωνιστικό και άρρηκτο πλεονέκτημα μιας Κυβέρνησης, που έχει κάνει επιστήμη να συνδιαλέγεται με το λαό στο πεζοδρόμιο. Η θωράκισή της είναι δε, ότι καθοδηγείται και από αυτόν.

Γνωρίζοντας τα όλα αυτά, η Κυβέρνηση, κατέβασε το λαό στο πεζοδρόμιο, σε μεγαλειώδεις συγκεντρώσεις σε όλο τον κόσμο, σαν άγρυπνο παρατηρητή των διαπραγματεύσεων και ορατό συνδιαπραγματευτή στην άλλη πλευρά, προκειμένου να προστατεύσει την όποια διαπραγμάτευση γίνει στο όνομα του, ακόμη και από τον ίδιο της τον εαυτό.

Και αυτή αποτελεί την εξοχότερη πολιτική στρατηγική, που έχω αντιμετωπίσει ποτέ. Γιατί χρησιμοποιεί πρωτοποριακά εργαλεία υψηλής συναισθηματικής νοημοσύνης, που μπορούν να επηρεάσουν ακόμη και αυτό το αποτέλεσμα.

ΑΡΘΡΟ 18⁰ – ΠΡΩΤΗ ΔΗΜΟΣΙΕΥΣΗ 152/2015

Η ΕΛΛΗΝΙΚΗ ΠΡΟΤΑΣΗ ΕΙΝΑΙ ΜΟΝΟΔΡΟΜΟΣ

Η πολιτική της λιτότητας έχει αποδειχθεί όχι απλά ανεπαρκής, αλλά καταστροφική για την βιώσιμη ανάπτυξη των χωρών μελών της Ευρώπης. Οι περισσότερες χώρες μέλη, που εντάχθηκαν στα πλαίσια μνημονίων λιτότητας, είναι αυτές που εξελικτικά, αντί να μειώσουν το δημόσιο χρέος τους το αύξησαν δραματικά.

Οι κοινωνικές ανάγκες συσσωρεύονταν, οι αγορές ασφυκτιούσαν και τα κέρδη πολλαπλασιαζόντουσαν, εκτός όμως των εγχώριων αγορών. Η συρρίκνωση των εγχώριων οικονομικών και κοινωνικών αγορών αποτέλεσε ένα έξυπνο εργαλείο ιδεολογικής διαχείρισης των λαών, χωρίς όμως εγγύηση επιστροφής χρημάτων...

Και αυτό, γιατί κάθε πατέντα που δημιουργείται, χωρίς να εξυπηρετεί το πελατειακό κοινό στο οποίο απευθύνεται, θα επιστραφεί χωρίς αμφιβολία στον πωλητή με κόστος του ιδίου.

Η κακώς εννοούμενη λιτότητα απέκτησε ιδεολογικές διαστάσεις και καταστάθηκε επικίνδυνη, ως ένα φαινόμενο, που απειλεί και όλο το υπόλοιπο κόσμο, καθώς καταργεί παγιωμένα δικαιώματα και κατακτήσεις του ανθρώπου, σε όλη την ενήλικη, αλλά και ανήλικη πορεία του στη ζωή.

Η αποτυχημένη πολιτική της λιτότητας πρέπει να επιστραφεί πίσω λοιπόν, σε αυτούς που κακώς την πούλησαν στην Ελλάδα, για την αποκατάσταση της οικονομικής της δυσλειτουργίας, με αντιπαροχή την εθνική της κυριαρχία. Γιατί ούτε αποζημίωση ορίζεται στην περίπτωση αποτυχία της, αλλά ούτε και αποκατάσταση της εθνικής κυριαρχίας.

Γνωστή δήλωση του Προέδρου του Λαϊκού κόμματος στην Ευρώπη, ότι η άρση της λιτότητας θα απογοητεύσει τους επενδυτές που σχεδιάζουν να επενδύσουν στην Ελλάδα, αποδεικνύει περίτρανα, ότι το ιδανικό περιβάλλον για τους «ξένους επενδυτές» αποτελούν οι μισθοί πείνας και η μικρής κλίμακας καταναλωτική δύναμη, που θα καθοδηγείται και θα ικανοποιείται από την τιμολόγηση που θα επιβάλλουν οι πολυεθνικές, που έχουν υποτάξει την αγορά.

Αυτοί οι ξένοι επενδυτές, δεν είναι επιθυμητοί όμως στον μέσο καταναλωτή, που δεν παύει να είναι και μέσος ιδεολογικά πολίτης αυτής της χώρας. Τα χαρακτηριστικά του target group λοιπόν, στο οποίο απευθύνονται, δεν είναι αυτά που πληρούν τις προϋποθέσεις για την υλοποίηση τέτοιων πολιτικών...

Για αυτό οφείλει η Ευρωζώνη να εγκαταλείψει αυτές τις πολιτικές και να προχωρήσει σε μια πιο ποιοτική διαχείριση των αναγκών της, έτσι ώστε να διασφαλίζεται η πιστότητα συνολικά των πολιτών της, σε όλες τις χώρες που την απαρτίζουν.

Η ελληνική πρόταση θα αποτελέσει την γέφυρα, για να περάσει όχι μόνο η Ελλάδα, αλλά συνολικά η Ευρώπη απέναντι. Για αυτό και είναι μονόδρομος, αν υποθέσουμε, ότι θέλει πραγματικά η Ευρώπη να διατηρήσει την παρουσία της, στο διεθνές πολιτικό γίγνεσθαι.

Ούτε λόγος λοιπόν να γίνεται για Grexit. Ούτε Αρμαγεδδών θα έρθει στην Ελλάδα, η οποία όμως έχει αποδείξει ιστορικά, ότι μπορεί να αντέξει όλα τα σενάρια.

Αυτή παρτίδα σκάκι θέλει παίκτες με ιδιαίτερη ψυχραιμία. Η παγωμένη ατμόσφαιρα, τα βλέμματα εκνευρισμού, οι μεταμφιεσμένες δηλώσεις-απειλές, είναι μερικές μόνο από τις στρατηγικές της απέναντι πλευράς, που μέσω της επίδειξης ισχύος σκοπό έχει να αποπροσανατολίσει την ελληνική πλευρά από τον στόχο της.

Το ψυχολογικό κλίμα που έχει δημιουργηθεί, αφορά την αλαζονεία από την μια πλευρά και αντίστοιχα την δημοκρατική εντολή από την άλλη, που επικαιροποιείται και οπτικοποιείται μέσω των συγκεντρώσεων συμπαράστασης σε όλο τον κόσμο.

Οι Γερμανοί υποστηρίζουν την λιτότητα για λόγους υπεροχής. Και αυτή είναι η παγίδα στην οποία έπεφταν ιστορικά οι Γερμανοί, από ορισμού του Γερμανικού κράτους. Οι Πορτογάλοι και οι Ισπανοί αντιτίθενται, διότι οι κυβερνήσεις τους υλοποίησαν την λιτότητα, χωρίς να εξεγερθούν και έτσι ανταγωνιστικό πλεονέκτημα απέναντι στους ψηφοφόρους τους, θα αποκτήσουν τα καινούργια κόμματα που διεκδικούν την εξουσία.

Η συμμαχία του Νότου όμως αφορά τους λαούς και όχι τις κυβερνήσεις τους. Οι λαοί του Νότου αρχίζουν να διαμαρτύρονται και να δημιουργούν συμμαχία με τον ελληνικό λαό.

Αλλά και σε άλλες χώρες στην Ευρώπη οι λαοί είναι σύμμαχοι της Ελλάδας, ανεξάρτητα, με το πως οι κυβερνήσεις τους θέλουν να παρουσιάζονται.

Η πάλη λοιπόν γίνεται σε επίπεδο εντυπώσεων και όχι ουσίας, εφόσον σε καμία χώρα αυτές οι πολιτικές δεν έχουν δημοκρατικό αντίκρισμα.

Και το επίπεδο των εντυπώσεων όμως, έχει όρια τα οποία εξαντλούνται και πρέπει να εξαντλούνται στο γεγονός, ότι εάν δεν βρουν έδαφος συνεννόησης οι δίκαιες οικονομικά και κοινωνικά στοιχειοθετημένες προτάσεις της Δημοκρατικής Ελληνικής Κυβέρνησης, την σκυτάλη θα την δώσει ο λαός σε νεοναζιστικά κόμματα, όπως η Χρυσή Αυγή, που όμως εγγυούνται την ρήξη με βάση το κοινωνικό συμφέρον. Και αυτό θα συμβεί σε όλη την Ευρώπη…

Για αυτό οι διαφωνίες είναι τεχνητές και συνίστανται στο πόσες τελικά από τις διεκδικήσεις της Ελληνικής Κυβέρνησης θα γίνουν αποδεκτές.

Για αυτό η Ελληνική πλευρά πρέπει να εμμείνει με σκληρότητα στις θέσεις της, ακόμη και αν δεν καταλήξει σε συμφωνία στις 16/2/2015, προκειμένου να κάνει δεκτό το μεγαλύτερο μέρος του προγράμματός της.

Γιατί **ούτε από την Ευρωπαική Ένωση μπορούν να διώξουν την Ελλάδα, εφόσον συνεπάγεται πρώτιστα χρεοκοπία των πιστωτών της, αλλά** και θα εξακολουθούν να χρειάζονται **την συγκατάθεση της** για να αλλάξουν τις συνθήκες ή για όποια πολιτική απόφαση χρειάζεται ομοφωνία, όπως η ανανέωση των κυρώσεων απέναντι στη Ρωσία.

Η ωριμότητα που δεν επιδεικνύει η Ευρωπαϊκή Επιτροπή, μπροστά στο πάθος της για το γεωστρατηγικό παιχνίδι που παίζεται στις πλάτες της Ελλάδας, αποτελεί και την Αχίλλειο Πτέρνα της για την όποια διαπραγμάτευση...

ΑΡΘΡΟ 19° – ΠΡΩΤΗ ΔΗΜΟΣΙΕΥΣΗ 16/2/2015

ΤΟ ΠΡΑΞΙΚΟΠΗΜΑ ΑΠΕΤΥΧΕΝ !

Και ενώ οι διαπραγματεύσεις είναι σε εξέλιξη, οι αγαπητοί εταίροι μας συνεπικουρούμενοι από τους γνωστούς αρνητές του έθνους - γιατί πάντα υπάρχουν τέτοιοι στην ιστορία – αποφασίζουν να τραβήξουν το χαλάκι στην ελληνική κυβέρνηση, σε μια ύστατη προσπάθεια να κρατήσουν ζωντανή μια πολιτική, που πεθαίνει, πάνω στα ζωντανά πτώματα εκατομμυρίων πολιτών σε όλη την Ευρώπη.

Ο νεοφιλελευθερισμός πεθαίνει και η Νέα Τάξη Πραγμάτων γίνεται πλέον παλιά, γιατί δεν βρήκε το δρόμο να διοχετευθεί στα ανθρώπινα ιδεώδη, παρά μόνο στους αριθμούς, που αποτελούσαν το άλλοθι για μια στυγνή πολιτική και οικονομική κάστα, προκειμένου να ασκούν bullying στους λαούς, για να τους κλέβουν το πορτοφόλι.

Και η Λερναία Ύδρα χτυπιέται και βρυχάται, με τη φωνή του Spiegel που ετοιμάζεται μόνο του για πόλεμο, με την φωνή πολιτικάντηδων που τσακώνονται μόνοι τους στα τηλεοπτικά παράθυρα, με την φωνή σχολιαστών εντός και εκτός χώρας, που έχουν εκπαιδευτεί στο κατενάτσιο.

Όλα τα πολιτικά και οικονομικά τρολς βρίσκονται σε διατεταγμένη υπηρεσία, προκειμένου να στερήσουν από αυτή τη χώρα, από αυτόν το λαό, ότι πολυτιμότερο του έχει απομείνει, την αξιοπρέπεια του…

Οι Γερμανοί παγιδευμένοι ανάμεσα στον κίνδυνο του αποπληθωρισμού, που θα χτυπήσει την Ευρώπη σε ενδεχόμενο Grexit και την αλαζονεία τους, κινδυνεύουν να χάσουν το τελευταίο τους ραντεβού με την ιστορία. Και όπως και τις προηγούμενες φορές, θα πάρουν στο λαιμό τους πολλά άλλα έθνη, σε ενδεχόμενη κατάρρευση της Ευρωπαικής Ένωσης.

Η Γαλλία από τη μια θέλει να ξαναμπεί στο παιχνίδι ελέγχου της Ευρωπαικής Ένωσης και η αντίδραση της Ελλάδας της δίνει αυτή την ευκαιρία, από την άλλη έχει βαρύ χρέος, που την εξαρτά από την Γερμανία.

Η Ιταλία θέλει να κερδίσει το παιχνίδι με το λαό της, αλλά έχει επίσης βαρύ χρέος που την εξαρτά από τη Γερμανία.

Οι υπόλοιπες χώρες απλά σκύβουν το κεφάλι χωρίς ενδοιασμούς, μέχρι την ώρα που θα συναντηθούν με τους λαούς τους και θα κριθεί αν το κεφάλι αξίζει να παραμείνει στη θέση του ή να κοπεί στρογγυλά.

Τα ρομποτάκια του Eurogroup, που δεν ξέρουν τίποτε άλλο πέρα από αυτό που είναι προγραμματισμένα να σκεφτούν, μπλοκάρουν και δεν μπορούν να προβλέψουν λύσεις σε συνθήκες κρίσης. Και απλά εκτελούν εντολές αλλάζοντας έγγραφα, με την ίδια ευκολία, που θα άλλαζαν ένα πουκάμισο, κλείνοντας το μάτι σε ένα πραξικόπημα, που τελικά δεν θα συμβεί ποτέ.

Η ΕΚΤ και το ΔΝΤ περιμένουν στην γωνία χαλαροί, έτοιμοι να επέμβουν, όταν αποτύχουν και οι τελευταίες προσπάθειες να υποχωρήσει η Ελλάδα, για να προσφέρουν τις λύσεις, που θα έπρεπε ήδη να είχαν βάλει στο τραπέζι των διαπραγματεύσεων.

Η ευρωπαική επιτροπή κάνει αναγνωριστικές προσπάθειες, σχετικά με το τι είναι διατεθειμένη τελικά η ελληνική κυβέρνηση να αποδεχτεί και τι όχι, με έγγραφα που εμφανίζει και εξαφανίζει, με ταλέντο μεγαλύτερο και από αυτό του Χουντίνι. Και επομένως, έχει έτοιμη τη λύση, αν αποτύχει το πραξικόπημα που ετοιμάζεται, μέσα στην ίδια τη χώρα.

Ηττημένοι πολιτικοί και πολιτικές κλείνουν το μάτι στην επιτροπή, μήπως καταφέρουν έστω και την ύστατη στιγμή να ρίξουν την κυβέρνηση και αποκαταστήσουν το «χάος»… Τελευταία ελπίδα η εκλογή του Προέδρου της Δημοκρατίας.

Η απρόσμενη επιλογή του Προκόπη Παυλόπουλου, για την υποψηφιότητα Προέδρου της Δημοκρατίας, ενός προσώπου σοβαρού με απήχηση σε όλους τους πολιτικούς χώρους, κατέστρεψε όμως και αυτή την τελευταία ελπίδα. Διότι η επιλογή του έγινε κατόπιν βαθύτερης συμφωνίας, με όσες δημοκρατικές δυνάμεις απόμειναν, μέσα στα κόμματα που υπάρχουν στην Ελλάδα και σηματοδοτεί τη στήριξη στην κυβέρνηση, από τη μόνη δύναμη που έχει ακόμη απήχηση, στο δεξιό χώρο σήμερα. Και τα ευκόλως εννοούμενα παραλείπονται…

Καθώς λοιπόν θα ψηφιστεί καθολικά, από αυτούς που θέλουν, αλλά και από αυτούς που δεν θέλουν, θα διαλυθούν τα πολιτικά παραμάγαζα και η γραμμή διαπραγμάτευσης θα είναι και θα φαίνεται ενιαία, ενωτική και πατριωτική.

Το πραξικόπημα απέτυχεν κύριοι…

ΟΙ ΣΥΜΦΩΝΙΕΣ ΠΟΥ ΔΕΝ ΓΙΝΟΝΤΑΙ ΜΝΗΜΟΝΙΑ…

Η Ευρώπη συγκλονίζεται από τις πολιτικές αναταράξεις, που βρίσκουν ιδεολογικό υπόβαθρο στην άρνηση της λιτότητας, εγκαινιάζοντας μια νέα ιστορική περίοδο του μετανεοφιλελευθερισμού.

Πολιτικά κινήματα και κόμματα προσπαθούν να εκφράσουν τις νέες τάσεις, όπως δημιουργούνται πρωτόλεια, μέσα από τις ασφυκτικές συνθήκες υστέρησης, που έχουν επιβληθεί στους λαούς.

Ενώ οικονομικοί κύκλοι, που δεν έχουν προλάβει να δημιουργήσουν διαπλοκή με τις νεοπολιτικές τάσεις, προσπαθούν να αφυπνίσουν τις δυνάμεις εκείνες που μπορούν να ασκήσουν καταστολή, μέχρι να ανασυνταχθούν και να μπουν πιο δυναμικά στο παιχνίδι με καινούργια mixed πολιτικά προιόντα, που θα προστατεύουν το κεφάλαιο.

Αυτό συμβαίνει και στη μεγάλη Ευρωπαική κλίμακα, αλλά και σε μικρή εθνική κλίμακα, καθώς το μεγάλο κεφάλαιο διεθνές ή εγχώριο είναι εκείνο που πλήττεται βαρύτατα από τις καινούργιες συνθήκες, διότι επαναστάτησε το πελατειακό δυναμικό που το συντηρούσε.

Ακριβώς σε αυτό το σημείο, η Ελλάδα αγωνίζεται να συμμετέχει στο παιχνίδι της Ευρωπαικής Ένωσης, σαν ισότιμος παρτενέρ βάζοντας τους δικούς της όρους. Είναι λογικό λοιπόν, να προκαλεί κραδασμούς σε όλα τα επίπεδα διοίκησης αυτού του οικοδομήματος, διότι επιχειρεί να λανσάρει ένα καινούργιο μοντέλο διακυβέρνησης, που θα συνοδεύεται με περισσότερη εθνική αυτοδιαχείριση.

Η εθνική αυτοδιαχείριση μειώνει τη δυνατότητα ανάπτυξης οικονομικών καρτέλ, ενώ ενισχύει το γεωπολιτικό status της κάθε χώρας. Η ανάπτυξη τέτοιου είδους δεξιοτήτων σε κάθε χώρα όμως απομονώνει τον έλεγχο στα χέρια της και δεν βοηθά στην εξέλιξη του οικονομικού μεταπρατισμού, καθώς η οικονομία της θα εξαρτάται από ίδιους παραγωγικούς τομείς, όπως και η κυριαρχία της και όχι από ιμπεριαλιστικές χώρες ή ενώσεις.

Η μάχη όμως είναι πολύ σκληρή, διότι από την στιγμή που υπάρχει δανειστική εξάρτηση η εθνική αυτοδιαχείριση δεν μπορεί να είναι ολοκληρωτική. Σε αυτά λοιπόν τα πλαίσια, καλείται η Ελληνική Κυβέρνηση να απεγκλωβίσει όσο περισσότερες κυριότητες μπορεί, τουλάχιστον στο επίπεδο που αφορούν την αξιοπρεπή διαβίωση και συνέχεια του λαού.

Ο δρόμος είναι μακρύς, γιατί τα μνημόνια έχουν φροντίσει δυστυχώς κάποιοι «συνέλληνες» να γίνουν κατεστημένη γραμμή διαπραγμάτευσης.

Οι διαπραγματεύσεις της Ελληνικής Κυβέρνησης αυτόν το ορίζοντα έχουν και για αυτό είναι δύσκολες, και απαιτούν ψυχραιμία από όλα τα μέρη, καθώς και εθνικό πολιτικό μέτωπο.

Πρώτη προτεραιότητα λοιπόν αποτελεί η επαναφορά των βασικών δομών ποιότητας ζωής, χωρίς όμως να διαταραχθεί η δανειστική σχέση που είναι απαραίτητη για την άμεση ρευστότητα, εάν θέλουμε να μιλάμε ρεαλιστικά. Κατά αυτόν τον τρόπο δεν θα φύγουν άλλα κεφάλαια στο εξωτερικό, έτσι ώστε να χρειάζεται να διοχετεύονται χρήματα κάθε φορά στην ανακεφαλαιοποίηση των τραπεζών, αλλά ούτε και οι καταθέσεις των πολιτών να κινδυνεύσουν.

Για αυτό ήταν σημαντική η παράταση της δανειακής σύμβασης, που μέλλει να ολοκληρωθεί με καινούργια συμφωνία αντικρίσματος, που όμως δεν θα έχει το χαρακτήρα του μέχρι τώρα σε όλους μας γνωστού «μνημονίου».

Γιατί δεν θα έχει το χαρακτήρα του «μνημονίου»; Γιατί πολύ απλά θα τείνει να αποδείξει, ότι απολογιστικά μπορεί να αντιμετωπίσει μεγαλύτερα έσοδα επενδύοντας σε κοινωνικές μεταρρυθμίσεις και όχι στη λιτότητα. Γιατί θα έχει ως βάση το «Πρώτα η ανάπτυξη και μετά εξυπακούεται η σταθερότητα» και όχι το αντίστροφο που ίσχυε έως σήμερα. Γιατί θα αξιώσει να αντιμετωπίσει το δανειστή, με έσοδα προερχόμενα από την πραγματική καταπολέμηση της διαπλοκής και όχι την πλασματική που ίσχυε μέχρι σήμερα.

Και μετά η ποσοτική χαλάρωση του Ντράγκι και το αναπτυξιακό πακέτο του Γιούνκερ θα πάψουν να είναι το καρότο, διότι θα αποτελούν αυτονόητα μέτρα της στροφής της Ευρώπης προς την ανάπτυξη.

Αυτή είναι κύριοι/ες η διαφορά της συμφωνίας από το «μνημόνιο». Και είναι στο χέρι μας να παραμείνει συμφωνία και να μην γίνει «μνημόνιο», όπως ήταν πριν. Γιατί υπάρχουν συμφωνίες που δεν γίνονται «μνημόνια».

Και αυτό δεν αποτελεί ιδεολογική σύνθεση της Αριστεράς, αλλά της ίδιας της Δημοκρατίας...

Όταν ανασυγκροτήσουμε λοιπόν τις δυνάμεις μας , τότε θα μπορούμε να επιτύχουμε και την απομείωση του μη βιώσιμου χρέους.

Διαφορετικά αποτελεί δική μας απόφαση και εννοώ του λαού, να πάψουμε τη σχέση μας με την Ευρώπη και να αποκτήσουμε ξανά το δικό μας νόμισμα.

Αν αυτό είναι το ζητούμενο, ας το αποφασίσουμε ο καθένας από εμάς εσωτερικά, σε πρώτη συνεργασία με τον εαυτό του και μετά με τους υπόλοιπους γύρω του. Και αν κατόπιν ισχύει και πλειοψηφικά, τότε δεν έχουμε παρά να δώσουμε αυτό το πρόσταγμα στην Κυβέρνηση, έτσι ώστε να έχει ξεκάθαρους στόχους...

ΑΡΘΡΟ 21° – ΠΡΩΤΗ ΔΗΜΟΣΙΕΥΣΗ 2/3/2015

ΤΟ ΜΟΝΟΠΩΛΙΟ ΤΟΥ ΕΥΡΩ

Η θεωρητική διάσταση του μονεταρισμού χαρακτηρίζεται από δύο εκπαιδευτικές ενότητες :

1) Την διάνοιξη των αγορών, που όμως δεν θα ωφελούσαν τις μικρές και μεσαίες επιχειρήσεις να ανταλλάσσουν προιόντα και υπηρεσίες, αλλά το μεγάλο κεφάλαιο να μετεξελιχθεί σε πολυεθνική δύναμη.

2) Την νομοθετική κατοχύρωση του μέσα από νομισματικές ενώσεις, που θα συντηρούν ένα μονοπωλιακό νόμισμα εντός των χωρών μελών και ολιγοπωλιακό εκτός αυτών.

Το πλασματικό περιβάλλον ανταγωνισμού μεταξύ δολαρίου και ευρώ εξασφαλίζει το απόλυτο ολιγοπώλιο, που μπορεί να δεχτεί μόνο ελάχιστους κραδασμούς από τις υπόλοιπες αγορές εκτός Ευρωπαικής Ένωσης, εξασφαλίζοντας έτσι το κεφάλαιο προερχόμενο από τις ηγεμονεύουσες χώρες. Γιατί η εκκόλαψη των ολιγοπωλίων, είναι το βασικό modus vivendi των ανίερων συμμαχιών…

Η απόλυτη ανάγκη ένταξης όσο το δυνατόν περισσότερων χωρών σε αυτή τη συνθήκη, οδήγησε στην εισροή χωρών, που όμως δεν είχαν την δυνατότητα να ανταποκριθούν σε μέγεθος οικονομικής δραστηριότητας. Αυτό το κενό καλύφθηκε μέσω του δανεισμού. Έτσι δημιουργήθηκε η Ευρωπαική Ένωση.

Τα δανειστικά χρήματα λοιπόν, αποτέλεσαν το εργαλείο για την αγορά ενός Franchise-δικαιόχρησης που στόχο έχει να αποσπάει μέρος από τον τζίρο μιας χώρας, χωρίς όμως να συμμετέχει στις επενδυτικές διαδικασίες, αλλά και στις ζημίες που προκαλούνται στην κάθε χώρα, καθώς δεν αποδίδει τα χρήματα για τα οποία αγοράστηκε.

Η αδυναμία αποπληρωμής του δανεισμού κατόπιν, αντιμετωπίζεται μέσω μέτρων επιβολής της λιτότητας, που αποτελεί το workshop, το εργαστήριο δηλαδή για την πρακτική εξάσκηση της θεωρίας του μονεταρισμού.

Έτσι η όλη μεθοδολογία δημιουργεί handicap-αναπηρία, στον ίδιο τον εαυτό της και στο πολιτικό ρεύμα που υπηρετεί.

Με αυτήν ακριβώς την πρόκληση είναι αντιμέτωπη η Ευρωπαική Ένωση σήμερα. Να αποσυνθέσει την θεωρία του μονεταρισμού από το σύνταγμα της και να συνθέσει άλλες, πιο φιλικές προς τον άνθρωπο πολιτικές και οικονομικές θεωρίες. Μόνο έτσι θα ξεπεραστεί η εθνικιστική νοοτροπία, καθώς η ιδέα του έθνους αποτελεί το προστατευτικό πλαίσιο για τις περιπτώσεις, που καταργούνται τα δικαιώματα μειονεκτικότερων πολιτικά ή οικονομικά λαών.

Αντιλαμβανόμαστε όμως, ότι οι ηγεμονεύουσες χώρες στην Ευρώπη βρίσκονται πολύ μακριά από την αντιμετώπιση της κρίσης, που έχει αρχίσει να αποκτά βαθιά ιδεολογικό χαρακτήρα, καθώς δεν έχει προβλεφθεί σχετικό manual-εγχειρίδιο σχετικά με την διαχείρισης της.

Ο αγώνας κατά της λιτότητας σήμερα στην Ευρώπη, αποκτά την δική του εννοιολογικά θέση στη φιλοσοφία της πολιτικής και της οικονομίας, σαν τον αγώνα για την αποκατάσταση της ισονομίας και κατ' επέκταση της Δημοκρατίας, καθώς η λιτότητα αποσαρθρώνει τους δεσμούς μεταξύ των ευρωπαϊκών κρατών, ενισχύει τον ευρωσκεπτικισμό, τον αντιευρωπαϊσμό, οξύνει τις εθνικιστικές αντιπαραθέσεις, διευκολύνει την αναβίωση του φασισμού και εξοικειώνει τους λαούς με τη υιοθέτηση ενός δικού τους νομίσματος, πιο δίκαιου.

Το ευρώ αντιμετωπίζεται ως όχημα της γερμανικής πολιτικής, πάλι για την δημιουργία της μεγάλης Γερμανίας , εντείνοντας τις ανισότητες μεταξύ χωρών και τις ταξικές ανισότητες, με αποτέλεσμα η ιστορία ενός ενδεχόμενου πολέμου να επαναλαμβάνεται.

Εξάλλου, προετοιμάζεται μια νέα έκδοση του «Mein Campf» - «Ο Αγώνας μου» του Αδόλφου Χίτλερ, που καθιερώθηκε διεθνώς ως « η Βίβλος του Ναζισμού» και είχε απαγορευθεί στην Γερμανία τα τελευταία 75 χρόνια, με αιτιολογικό «μήπως αναρριπίσει τα πάθη που βύθισαν τη χώρα στον ΙΙ Παγκόσμιο Πόλεμο. Η επανέκδοση του θα γίνει πριν τη λήξη του έτους, όπως μετέδωσε προχθές το αμερικανικό δίκτυο CBS News,

Ταυτόχρονα η γιγάντωση του κινήματος Pegida, κατά των μεταναστών και το αυξανόμενο ρεύμα αντισημιτισμού, αποδεικνύουν πόσο εύφορο εμφανίζεται και πάλι το γερμανικό έδαφος στην υποδοχή και καλλιέργεια της « Βίβλου του Ναζισμού». Και τίποτα δεν είναι τυχαίο.

Το μονοπώλιο του ευρώ εντός Ευρωπαικής Ένωσης θα χτυπηθεί από δυνάμεις, που δεν είναι ούτε αντιευρωπαικές ούτε ευρωσκεπτικιστικές ούτε εθνικιστικές όμως. Θα χτυπηθεί από τις δυνάμεις εκείνες, που διαπλάθουν ιδεολογικές θεωρίες, προκειμένου να γράψουν την επόμενη σελίδα στην ιστορία. Γι αυτό η αλλαγή συντελείται στην Ελλάδα.

Όσο πιο δεκτική θα είναι η διοίκηση της Ευρώπης σε αυτές τις αλλαγές, τόσο περισσότερες πιθανότητες θα έχει να υπογράψει το συμβόλαιο της επόμενης μέρας με την ιστορία, σε καθεστώς ειρήνης…

ΑΡΘΡΟ 22⁰ – ΠΡΩΤΗ ΔΗΜΟΣΙΕΥΣΗ 4/3/2015

Η ΔΗΜΟΚΡΑΤΙΑ ΔΕΝ ΕΚΒΙΑΖΕΤΑΙ...

Απίστευτες πιέσεις ασκούνται στην μικρή Ελλάδα, που τόλμησε να αμφισβητήσει την «Τρόικα των Συμφερόντων» και τα «Μνημόνια Δουλείας».

Και φανταστείτε, ότι η πραγματική ρήξη δεν έχει έρθει ακόμη...

Οι λίγες αλλά θαρραλέες διαφοροποιήσεις στις συμφωνίες, προκειμένου για την συνέχιση του δανεισμού, που είναι αναγκαίος για την ροή της ρευστότητας σε αγορές και τράπεζες, είναι αρκετές για να ενοχοποιήσουν μια ολόκληρη πολιτική γραμμή παραγωγής και εφαρμογής φαύλων οικονομικών θεωριών, που δημιουργήθηκαν για να συντηρούν και να καλύπτουν την εγχώρια και ξένη οικονομική διαπλοκή.

Το χειρότερο δε είναι, ότι ο λαός γίνεται κοινωνός αυτών των προσπαθειών και απομυθοποιεί την ορθότητα του συστήματος, που αναγκαζόταν μέχρι σήμερα να υπηρετεί. Ψηφίζει δε την κατάργησή του, με τη ενεργή συμπαράσταση στην μοναδική κυβέρνηση που έχει προβάλλει ανάστημα, απέναντι στους επικυρίαρχούς του, μετά τον εμφύλιο.

Μοναδικός τρόπος να αποφευχθεί η υλοποίηση της ετυμηγορίας του λαού, η εφαρμογή του Δόγματος του Σοκ μέσω :

- Της δημιουργίας πλασματικών κρίσεων στην οικονομική αγορά με την ασφυκτική έλλειψη ρευστότητας, που συνεπάγονται υποτιθέμενη οικονομική κατάρρευση, προκειμένου να συμβιβαστεί η κυβέρνηση και να μην προχωρήσει στα μεταρρυθμιστικά νομοσχέδια που έχει δρομολογήσει για την βουλή. Μόνο έτσι θα προωθηθεί η αποδέσμευση κεφαλαίων, που τόσο χρήσιμα μας είναι...
- Της παραβίασης του εναέριου χώρου στο Αιγαίο από τους Τούρκους, με εντολές από τη Δύση, που παίζει το ρόλο του Πόντιου Πιλάτου και δίνει την Ελλάδα βορά, στην διψασμένη για αίμα πολιτική και οικονομική νομενκλατούρα της Ευρώπης, για να σιγουρέψει την γεωπολιτική κυριαρχία της.
- Της πραξικοπηματικής συμπεριφοράς στο εσωτερικό της χώρας, από πολιτικούς που προσπαθούν να κρύψουν τις παράνομες οικονομικές τους συναλλαγές, την ώρα που η χώρα βρισκόταν σε πλήρη εξαθλίωση. Είναι γνωστό πλέον πόσα και ποια , από την κορυφή μέχρι τη βάση, μέλη των προηγούμενων κυβερνήσεων, συμμετείχαν είτε στην λίστα Λαγκάρντ, είτε σε άλλες λίστες.
- Της υποβολιμαίας στάσης των media και των παραφυάδων τους, που στηρίζουν επικοινωνιακά όλα τα παραπάνω εκτρώματα, προκειμένου να περιφρουρήσουν τα οικονομικά συμφέροντα, που βρίσκονται πίσω από αυτά.

Ταράζει βλέπετε, να βγει στην επιφάνεια, πόσο εύσχημα και βαθιά αρμεγόταν ο Ελληνικός λαός όλα αυτά τα χρόνια. Τόσο, που λίγο έλειψε να του γίνει συνείδηση ότι η θέση του είναι να υπακούει και χαιδεύει τους βιαστές του, βιώνοντας βαθιά μέσα του το σύνδρομο της Στοκχόλμης, σύνδρομο που δεν βίωσε ούτε μετά τα τετρακόσια χρόνια σκλαβιάς από τους Τούρκους.

Η δημοκρατία όμως φίλοι μου ούτε εκβιάζεται, ούτε βιάζεται. Ειδικά απέναντι στο λαό που τη γέννησε...

Αν η απόλυτη ρήξη λοιπόν με την Ευρώπη είναι ο επιδιωκόμενος εφιάλτης του Έλληνα, προκειμένου να μετανοήσει και να υποταχθεί, ας γίνει πραγματικότητα μια ώρα αρχύτερα. Να τελειώνουμε με όλη αυτή την παρακμή των μνημονίων υποτίμησης της ανθρώπινης ύπαρξης και των ανθρωποφάγων που την υπέδειξαν, αλλά και την εκτέλεσαν...

Γιατί το αποτέλεσμα, που έχουν όλες αυτές οι βαναυσότητες εις βάρος του λαού, είναι, το συντριπτικά πλειοψηφικό νούμερο που εμφανιζόταν στις δημοσκοπήσεις υπέρ του ευρώ, να εξοικειωθεί πλήρως με την ιδέα ενός άλλου, εθνικού νομίσματος , καθώς και με τις δράσεις υιοθέτησής του.

Έτσι θα αντιστραφούν οι πλειοψηφίες και η Ευρώπη θα τρέχει να μαζεύει τα συντρίμμια της και τα καρτέλ της...

Τα δε ειδικά δικαστήρια στο εσωτερικό της χώρας, δεν θα προλαβαίνουν να δικάζουν τους εθνικούς προδότες...

Όσο είναι καιρός λοιπόν, ας διορθώσουν τα κακώς κείμενα, οι έχοντες ευήκοα αυτιά...

ΑΡΘΡΟ 23ο – ΠΡΩΤΗ ΔΗΜΟΣΙΕΥΣΗ 12/3/2015

ΤΟ ΓΕΡΜΑΝΙΚΟ ΑΦΗΓΗΜΑ

Το δυστύχημα με τη Γερμανία είναι, ότι καμία γενιά είτε πολιτών, είτε πολιτικών δεν μπορεί να απεγκλωβιστεί από την κληρονομιά που κουβαλάει, από την Ιστορία. Και οι παλαιότερες, αλλά και οι καινούργιες γενιές, ανεξάρτητα από τον χρόνο που τους χωρίζει από τον Δεύτερο Παγκόσμιο Πόλεμο, θα παραμένουν απόγονοι του Γ΄ Ράιχ.

Το μόνο που μπορεί να απαλύνει τον πόνο των λαών που έχουν βλάψει ανεπανόρθωτα, είναι να αποδώσουν αυτά που έκλεψαν και να αποζημιώσουν τα θύματα. Μόνο όταν αυτό συμβεί θα μπουν τα θεμέλια για να ζήσουν κάποια στιγμή οι λαοί ειρηνικά. Διότι η ειρήνη παραμένει ανεκπλήρωτη συνθήκη, ακόμη και μέσα στην «πολιτισμένη» Ευρωπαϊκή Ένωση.

Για αυτό και αποτελεί υποχρέωση συνολικά των πολιτικών σχηματισμών της Γερμανίας, να υπεραμύνονται της απόλυτης διευθέτησης των χρεών της ηθικών και υλικών, απέναντι στους άλλους λαούς. Ειδικά, όταν με κάποιους από αυτούς, κάθονται στο ίδιο οικογενειακό τραπέζι και θα πρέπει να κοιτάζονται καθημερινά στα μάτια…

Αυτό όμως, δεν αποτελεί υποχρέωση απέναντι μόνο στον Ελληνικό λαό, που τόσο βασάνισαν, αλλά και απέναντι στον Γερμανικό λαό, που ντρέπεται να κουβαλάει το στίγμα. Θα έλεγα μάλιστα, ότι η υποχρέωση απέναντι στο Γερμανικό λαό είναι πιο ισχυρή, καθώς η υπερηφάνεια του δεν του επιτρέπει ούτε να αδικεί, ούτε και να αδικείται.

Όσο οι Γερμανικές αποζημιώσεις και το κατοχικό δάνειο δεν καταβάλλονται στον ελληνικό λαό, τόσο αδικείται και ο Γερμανικός λαός, που επιτρέπει στους πολιτικούς του να αδικούν στον όνομα του.

Οι προκλητικές αντιδράσεις των περισσότερων πολιτικών της Γερμανίας σήμερα, απέναντι σε αυτό το ζήτημα είναι ζημιογόνες για το μέλλον της Γερμανίας, αλλά και της Ευρωπαϊκής Ένωσης. Το αδιαμφισβήτητο χρέος απέναντι στο Ελληνικό λαό επιτάσσει, οι αντιδράσεις να απορρέουν θετικό ύφος και να στρέφονται προς την τεχνοκρατική διευθέτηση της αποπληρωμής του. Καλό θα ήταν μάλιστα να ορισθεί και ειδικό τεχνικό κλιμάκιο τεχνοκρατών από την Ελλάδα , που να επισκέπτεται τη Γερμανία, προκειμένου να συντονίζει τις ενέργειες κατάρτισης ενιαίας μελέτης προσδιορισμού των οικονομικών μεγεθών του χρέους.

Η διευθέτηση του δε, είναι απόλυτα εφικτή όχι μόνο θεωρητικά, αλλά και πρακτικά, καθώς τα πλεονάσματα της Γερμανικής οικονομίας επαρκούν πλήρως για να αντιμετωπίσουν την υποχρέωση αυτή, η οποία θα έπρεπε να είχε αντιμετωπισθεί σε παρελθοντικό χρόνο.

Η περίοδος χάριτος που πήρε άτυπα οι Γερμανία, οφειλόμενη σε έλλειμμα πολιτικής βούλησης, καθώς και σε αστοχίες των παλαιότερων ελληνικών κυβερνήσεων να αντιμετωπίσουν το συγκεκριμένο ζήτημα, την ευνόησε ούτως ώστε να επενδύσει αυτά τα χρήματα στις δικές της πολιτικές και οικονομικές ανάγκες.

Η ενοποίηση της Ανατολικής με τη Δυτική Γερμανία στις αρχές της δεκαετίας του 1990, που έδωσε έξτρα πολιτική ισχύ και δημιούργησε την Γερμανία του σήμερα, απορρόφησε όλα αυτά τα χρήματα, που όμως προορίζονταν για άλλους λαούς.

Οι υποχρεώσεις βέβαια, παρέμειναν ανοιχτές και μετά τον «αυτοδανεισμό» της, φυσικά χωρίς επιτόκια και άλλους οικονομικούς όρους, που επιβάλλονται στον δανεισμό άλλων χωρών, εφόσον μόνο να «δανειστείς» μπορείς τα χρήματα που ανήκουν σε άλλους.

Σήμερα λοιπόν, που η Γερμανία έχει αποκτήσει θαυμαστή οικονομική ευρωστία, ήρθε η ώρα να αντιμετωπίσει και τις υποχρεώσεις της. Θα πρέπει να χαίρεται μάλιστα που αυτή συγκυρία την βρήκε σε αυτή τη χρονική στιγμή, που τα διαθέσιμα της επαρκούν για να εξοφλήσει το χρέος της και έτσι δεν χρειάζεται να πουλήσει μέρος της εθνικής της περιουσίας , όπως αναγκάζονται άλλες χώρες που χρωστούν να κάνουν. Και αυτό χάρη στην επιεική ανοχή των δανειστών της…

Γιατί σύμφωνα με την βασική αρχή του φιλελευθερισμού και νεοφιλελευθερισμού, που ασπάζεται η κυρίαρχη πολιτική παράταξη της κας Μέρκελ σήμερα, καθώς και η ίδια, «Δεν υπάρχει δωρεάν γεύμα». Τελείωσαν λοιπόν και τα δωρεάν γεύματα για την Γερμανία… Ήρθε η ώρα να αποδώσει αυτά που κέρδισε από τα χορηγούμενα γεύματα.

Και αυτό, πρέπει να βρουν τρόπο οι Γερμανοί πολιτικοί να το εξηγήσουν στο λαό τους και όχι να στρουθοκαμιλίζουν, να κρύβουν το κεφάλι τους στο χώμα δηλαδή , προκειμένου να αποφύγουν την πραγματικότητα. Πρέπει να εξηγήσουν λοιπόν, ότι τα σύγχρονα αγαθά τους, τα απέκτησαν και τα οφείλουν στην «ευγενική χορηγία» του Ελληνικού λαού, που ήρθε η ώρα να ξεπληρώσουν με τον εθνικό τους πλούτο. Και σε μια εποχή μάλιστα που ο Ελληνικός λαός τα έχει απόλυτη ανάγκη, καθώς τίθεται θέμα επιβίωσης του. Διαφορετικά κινδυνεύουν να οδηγήσουν τον Γερμανικό λαό σε πολιτική πλάνη, όπως ακριβώς είχε κάνει και ο πολιτικός προκάτοχός τους, Αδόλφος Χίτλερ. Τα επιχειρήματα μόνο αλλάζουν, ανάλογα με τις εποχές. Το bullying παραμένει ίδιο στο θανατηφόρο αποτέλεσμα του.

Οι μικροπολιτικές τακτικές του τύπου, να αφήσουν πλεονασματικά χρήματα στα ταμεία τους, που όμως δεν τους ανήκουν , προκειμένου να χειραγωγούν την Γερμανική κοινή γνώμη, προς όφελος εκάστοτε πολιτικών συμφερόντων, επίσης δεν οδηγούν πουθενά. Η αποταμιευτική δράση που ωφελεί μόνο έναν, σε μια οικογένεια πολλών δεν μπορεί να λειτουργήσει ως πολιτική στρατηγική, παρά μόνο βραχυπρόθεσμα. Τα γόητρα των χωρών δεν χτίζονται με ουτοπικές παραστάσεις οικονομικού μεγαλείου, αλλά με εμπλουτισμό της ιστορίας τους με θεωρίες και πράξεις ηθικού μεγαλείου, που υποστηρίζουν την εξέλιξη του ανθρώπου.

Η Γερμανία έχτισε συνολικά την οικονομία της επάνω στην μη αποπληρωμή των χρεών της, μετά από δύο παγκοσμίους πολέμους, καθώς στις σχέσεις της με τα κράτη της Ενωμένης Ευρώπης, που της εξασφάλισε αυτός ο θεσμός και το ευρώ.

Μετά τον Β' Παγκόσμιο Πόλεμο, οι ΗΠΑ υποχρέωσαν τα κράτη που έλαβαν τη βοήθεια του Σχεδίου Μάρσαλ να μην ζητήσουν αμέσως τις οφειλές των Γερμανών, διότι αποσκοπούσαν στην γρήγορη επανεκκίνηση της οικονομίας της Δυτικής Γερμανίας, ώστε να αποτελέσει ισχυρό ανάχωμα έναντι των Σοβιετικών. Αν οι πιστωτές του 1945 απαιτούσαν τότε τα οφειλόμενά τους, η Γερμανία θα χρεοκοπούσε.

Με στρωμένο το έδαφος λοιπόν, η Γερμανία ξεκίνησε μια πορεία που έμελλε να ενισχυθεί πολιτικά, από την επανένωση της με την Ανατολική Γερμανία και οικονομικά από τη δημιουργία της ευρωζώνης. Η συναλλαγματική ισοτιμία του ευρώ δε, έπαιξε καθοριστικό ρόλο στην δημιουργία πλεονασματικού ισοζυγίου τρεχουσών συναλλαγών και έτσι οι εξαγωγές της αυξήθηκαν και αύξησαν και το ΑΕΠ της.

Η καθαρά εξαγωγική της δραστηριότητα που της απέφερε τα πλεονασματικά στα ταμεία της, στηρίχθηκε κυρίαρχα επάνω στις οικονομικές της συναλλαγές με τα υπόλοιπα κράτη μέλη και διευκολύνθηκε με την χρήση του ευρώ, ως μονοπωλιακού νομίσματος μέσα στην Ευρώπη.

Η ενοποίηση της Ευρώπης της εξασφάλισε :

1) Την απορρόφηση των προιόντων της σε ξένες αγορές καθώς καταργήθηκαν οι δασμοί για εισαγωγές –εξαγωγές και η εξωτερική αγοραστική δύναμη θα αυξανόταν.

2) Την αύξηση της ανταγωνιστικότητας των επιχειρήσεων της, καθώς η μονονομισματική διαχείριση των αγορών έδινε ανταγωνιστικό πλεονέκτημα στου Γερμανικούς ομίλους, να αναπτυχθούν σε πολυεθνικές.

3) Τη δημιουργία οικονομικών μονοπωλίων και καρτέλ.

Έτσι η Γερμανία δημιούργησε μια ισχυρότατη οικονομία, βασισμένη σε πελατειακή δύναμη που αντλούσε όχι από το εσωτερικό της, αλλά από ξένες αγορές, που της εξασφάλιζε η συγγένεια, στην Ευρωπαική Ένωση.

Αποτελεί λοιπόν οικονομική, αλλά και ηθική της υποχρέωση να αποπληρώσει το χρέος της απέναντι στην Ελλάδα, καθώς και να τζιράρει τα υπόλοιπα πλεονασματικά της μέσα στην Ευρωπαική αγορά, που τόσο πολλά της οφείλει...

Το κατοχικό δάνειο και οι Γερμανικές αποζημιώσεις ισοδυναμούν περίπου με το οφειλόμενο χρέος της Ελλάδας, απέναντι στους πιστωτές της.

Μια καθαρή θέσης της Ελλάδας λοιπόν, που θα εξασφαλιζόταν από την είσπραξη των οφειλομένων προς αυτήν και κατ' επέκταση την αποπληρωμή των δανείων της, θα δημιουργούσε μια καινούργια εποχή ανάπτυξης και ανταγωνιστικότητας για την Ελληνική οικονομία.

Τα τεχνητά εμπόδια βέβαια που ορθώνονται από εξωτερικούς, αλλά και εσωτερικούς παράγοντες, όπως το πολιτικό bullying, η γερμανική παραφιλολογία μέσω των γερμανικών media, οι ανυπόγραφες διεκδικήσεις από τους προηγούμενους έλληνες υπουργούς δικαιοσύνης, τα μνημόνια που υπογράφηκαν από τις προηγούμενες ελληνικές κυβερνήσεις και αναιρούν τον όποιο συμψηφισμό μπορεί να γίνει με το ελληνικό χρέος, οι ενυπόγραφες λίστες επικίνδυνων ελλήνων επιστημόνων, όχι μόνο για την κοινωνική ειρήνη αλλά και την επιστημονική ειρήνη, που δηλώνουν – αν είναι δυνατόν – ότι προσβάλλονται όταν προσβάλλονται οι Γερμανοί, τη στιγμή που η χώρα τους αδικείται και προσβάλλεται κατάφορα από τους Γερμανούς, η εσωτερική τρόικα πολιτικών και οικονομικών συμφερόντων στα χνάρια του κινηματογραφικού Αρτέμη Μάτσα, δεν αποτελούν παρά εμπόδια που πρέπει να υπερπηδηθούν από τον ίδιο το λαό…με όλες τις έννοιες...

Η ΣΤΑΥΡΩΣΗ ΤΩΝ ΛΑΩΝ

Η Σταύρωση, ως πολιτικό γεγονός, σηματοδοτεί τον αγώνα για την ελευθερία της συνείδησης.

Η Σταύρωση, εάν εξεταστεί χωρίς δογματική και σωτηριολογική αξία, συνδέεται απόλυτα με την απονομή άμεσης δικαιοσύνης, όταν οι θεσμοί δεν λειτουργούν.

Σε ένα υλιστικό σύστημα αξιών, όπου θύτες και θύματα αλλάζουν ρόλους ανάλογα με το ποιος μαθηματικοποιεί τα στερεότυπα που το αφορούν, η Σταύρωση προσπαθεί να εκνομικεύσει την συναισθηματική νοημοσύνη του ανθρώπου, προκειμένου να αποτελέσει το ανάχωμα στην δέσμευση της ανθρώπινης ελευθερίας.

Στο όνομα μιας κακώς εννοούμενης εξέλιξης οι πολιτικοί νομοθετούν πλαίσια που παραβιάζουν την ελευθερία του ανθρώπου, οι δικαστικοί δικάζουν σύμφωνα με τα πλαίσια αυτά και τα media σταυρώνουν την ελεύθερη σκέψη και βούληση. Ακόμη όμως και αν ο Θεός καταδίωκε το κακό ερήμην της ελεύθερης βούλησης του ανθρώπου, θα ήταν φασισμός.

Για αυτό και η Σταύρωση αποτελεί την μεγαλύτερη επανάσταση ενάντια στο φασισμό της όποιας εξουσίας ασκείται χωρίς να λαμβάνει υπόψη της την ανθρώπινη υπόσταση των όντων.

Η άοπλη επανάσταση αυθυποβάλει το θύτη να ασκήσει την πιο επιθετική μορφή βίας στο θύμα, προκειμένου να συγκλονίσει το φιλοθεάμον κοινό και να αλλάξει εξελικτικά την νοοτροπία συνείδησης ολόκληρων κοινωνιών.

Η απόδοση δικαιοσύνης σε αυτή την περίπτωση αποκτά πνευματικό χαρακτήρα και στοχεύει στην κατάργηση μιας παγκοσμιοποιημένης αντίληψης περί ομογενοποίησης της συνείδησης του μέσου ανθρώπου, καθώς έτσι δεν θα μπορεί να εδραιώνεται ο έλεγχος της ανθρώπινης βούλησης.

Οι άνθρωποι και οι κοινωνίες είναι δημιουργημένα για να δρουν ελεύθερα, με μόνο πλαίσιο να σέβεται ο ένας την ελευθερία του άλλου. Η Βαβέλ του λόγου και της δημιουργίας κάθε άλλο παρά επικίνδυνη είναι. Αντιθέτως είναι απαραίτητη για τη Δημοκρατία.

Η ασφάλεια του ελέγχου και του βιομηχανοποιημένου συλλογισμού και αντιδράσεων παραβιάζει τα μέγιστα τη Δημοκρατία, καθώς δεν σέβεται τους βασικούς νόμους που την διέπουν.

Η Σταύρωση δημιουργεί τις προυποθέσεις για να επανέλθει ο άνθρωπος στο επίκεντρο των διαπραγματεύσεων, μεταξύ των λαών και των κοινωνιών.

Από τις περιπέτειες ενός μικρού έθνους που αντέχει να σηκώνει το ανάστημα του με τη σταύρωση του, παρά να αλλάξει τις πεποιθήσεις του απέναντι στη Δημοκρατία του, μέχρι τον νεαρό Γιακουμάκη που επαναστάτησε μπροστά στην σήψη μιας κοινωνίας που θεωρεί τον άοπλο, δίκαιο θύμα μιας φασίζουσας ελίτ που βάζει τυπικούς ή άτυπους κανόνες στην ίδια την ύπαρξη της ζωής και της αξιοπρέπειας.

Δυστυχώς για όλους αυτούς και ευτυχώς για την ανθρωπότητα ο άοπλος αποτελεί τον ακροβολισμένο σκοπευτή, που όταν φθάσει η ώρα θα τινάξει την τράπεζα συνειδήσεων , μέσα από την οποία δανείζει και τοκίζει το σύστημα, στο αέρα… Θα αναστηθεί και θα γράψει την ιστορία από την αρχή…

ΚΑΛΗ ΣΤΑΥΡΩΣΗ ΣΕ ΧΡΙΣΤΙΑΝΟΥΣ ΚΑΙ ΜΗ…

Η ΤΑΜΠΑΚΙΕΡΑ ΕΙΝΑΙ ΟΙ ΙΔΙΩΤΙΚΟΠΟΙΗΣΕΙΣ

Τα τελευταία πέντε χρόνια η Ελλάδα διαλύθηκε κυριολεκτικά. Δεν έχασε μόνο το 25% του ΑΕΠ της, που σημαίνει ότι συρρικνώθηκαν οι περισσότεροι παραγωγικοί τομείς της χώρας, αλλά χάθηκε και μια ολόκληρη γενιά, με την ανεργία και την φτώχεια να καταστρέφουν την όποια οικονομική, κοινωνική και πολιτιστική της εξέλιξη.

Οι αλόγιστοι δανεισμοί και τα επιτόκια τοκογλυφίας δέσμευσαν τη χώρα σε μνημόνια παράδοσης της εθνικής της κυριαρχίας, καθώς και του πλούτου της. Οι μεταρρυθμίσεις που προέβλεπαν ήταν περισσότερο εισπρακτικού τύπου μέτρα, παρά μεταρρυθμίσεις. Βαφτίστηκαν μεταρρυθμίσεις για να κατευνάσουν το λαό.

Δράσεις μη κοινωνικά βιώσιμες, εφαρμόσθηκαν σε μια οικονομία που ήδη έφθινε, με αποτέλεσμα να γονατίσει η κοινωνία, χωρίς ουσιαστικά να υπάρχει κανένα όφελος. Έτσι καταλήγουμε στο συμπέρασμα, ότι η φούσκα αυτή των μεταρρυθμίσεων εφαρμόσθηκε, για να έχουν λόγο ύπαρξης τα ξένα κυριαρχικά συμφέροντα στη χώρα και να διατηρείται το καθεστώς κατοχής.

Οι μεταρρυθμίσεις για να έχουν ουσιαστική ωφέλεια και να τιμούν το όνομα τους στην οικονομική επιστήμη, θα πρέπει να συνιστούν μέτρα παραγωγικής αναδόμησης που θα δίνουν αναπνοή στην ανάπτυξη, καθώς και στην κοινωνική οικονομία.

Οι καμουφλαρισμένες αφαιμάξεις λοιπόν, που βαφτίστηκαν μεταρρυθμίσεις , που προήλθαν από θνησιγενή φορολογικά μέτρα, μειώσεις μισθών και συντάξεων ανεξάρτητα από το κόστος ζωής, αμετροεπείς απολύσεις με υποτιθέμενο στόχο την ποιοτικότερη στελέχωση του δημόσιου φορέα και εκποιήσεις των δημόσιων αγαθών, μόνο σε αναπτυξιακή και κοινωνική ασφυξία μπορούσαν να οδηγήσουν.

Θα πρέπει να θυμίσω σε όσους τεχνοκράτες το έχουν ξεχάσει, ότι ο όρος ανάπτυξη στα οικονομικά αναφέρεται στην αύξηση της πραγματικής παραγωγής προϊόντων και υπηρεσιών σε μία οικονομία με την πάροδο του χρόνου και όχι στην μείωση όπως συνέβηκε στην Ελλάδα των «μεταρρυθμίσεων», στην πάροδο των πέντε ετών.

Εάν περάσω δε σε αναλυτικότερο ορισμό του όρου θα πρέπει να έχουμε υπόψη μας τα εξής : **Ως ανάπτυξη ορίζεται η αύξηση της οικονομικής ευημερίας που απολαμβάνει ο λαός μιας χώρας κατά μια συγκεκριμένη χρονική περίοδο.** Σημαντικότερος δείκτης δε της ανάπτυξης είναι ο μακροχρόνιος ρυθμός αύξησης του κατά κεφαλή ΑΕΠ, καθώς και οι δείκτες που σχετίζονται με το επίπεδο υγείας, μόρφωσης και μακροβιότητας. Κανένας όμως από αυτούς τους δείκτες όχι μόνο δεν ικανοποιήθηκε στην Ελλάδα των «μεταρρυθμίσεων», αλλά μειώθηκε δραστικά όπως συμβαίνει συνήθως σε συνθήκες πολέμου…

Αυτό συνέβηκε, γιατί η αντιπαραγωγική λιτότητα που υποδείκνυαν τα υποτιθέμενα μεταρρυθμιστικά μέτρα, έρχεται σε πλήρη αντίθεση με την οικονομική ανάπτυξη, που βασίζεται στην ικανοποίηση των ατομικών και κοινωνικών αναγκών των πολιτών στο εσωτερικό μιας οικονομίας.

Όλα αυτά, με οδηγούν λοιπόν να σκεφτώ, ότι οι «μεταρρυθμίσεις» αυτές, για την δικαιοσύνη των οποίων κόπτονται οι προηγούμενες πολιτικές κυβερνήσεις, ότι είχαν ανταποδοτικό ρόλο στην ελληνική οικονομία και κοινωνία, που δεν είχαν, ήταν το δόλωμα, προκειμένου να μην αντισταθεί ο Ελληνικός λαός στο ξεπούλημα της περιουσίας του.

Όλα αυτά αποδεικνύουν πως ουδέποτε υπήρξε στο πρόγραμμα, η χώρα να σταθεί στα πόδια της . Η Ελλάδα απλά βρισκόταν υπό το καθεστώς ελεγχόμενης πτώχευσης μέχρι την τελική της πτώση.

Η αδυναμία να βρεθεί λύση στις διαπραγματεύσεις της σημερινής κυβέρνησης από πλευράς των ευρωπαίων εταίρων ανάγεται στο γεγονός, ότι προσπαθούν διακαώς να διατηρήσουν αυτό το καθεστώς και να ανταλλάξουν την όποια κοινωνική μεταρρύθμιση με ιδιωτικοποιήσεις, καθώς και την αντιμετώπιση της διαπλοκής με την μη αντιμετώπιση της, για να γλιτώσουν τη φυλακή όλοι οι προηγούμενοι πολιτικοί παράγοντες εγχώριοι και ξένοι.

Για αυτό και η ρευστότητα με το σταγονόμετρο από την ΕΚΤ. Για αυτό και οι εκφοβισμοί με την Κύπρο και το πολιτικό bullying από δημοσιογράφους και μέσα επικοινωνίας τα οποία πληρώνει η ίδια η κομισιόν με μυστικά κονδύλια.

Γιατί η ταμπακιέρα είναι η ιδιωτικοποίηση της παροχής όλων ανεξαιρέτως των δημόσιων αγαθών της χώρας, που συνίσταται σε ομηρία πελατειακού-πολιτικού κοινού (captive audience) , καθώς και ιδιωτικοποίηση της διαχείρισης του εθνικού πλούτου της χώρας.

Αν λοιπόν η σοβαρότητα της Ελληνικής πλευράς έγκειται, στο να κατεβάζει τα παντελόνια από ευγένεια μήπως προσβάλλει του Γερμανούς και τους υπόλοιπους Ευρωπαίους εταίρους μας, αντί να αντιστέκεται σε αυτές τις πρακτικές, τότε προτιμώ να είμαι ασόβαρη στις πτωχευτικές εναλλακτικές που μου δίνουν για τη χώρα μου…

ΑΡΘΡΟ 26ᵒ – ΠΡΩΤΗ ΔΗΜΟΣΙΕΥΣΗ 30/3/2015

Η ΛΙΣΤΑ ΤΗΣ ΦΤΩΧΕΙΑΣ VS Η ΛΙΣΤΑ ΤΩΝ ΜΕΤΑΡΡΥΘΜΙΣΕΩΝ

Αντιμέτωποι με τον κίνδυνο της φτώχειας και του κοινωνικού αποκλεισμού βρίσκονται περισσότεροι από 3 στους 10 Έλληνες.

Σύμφωνα με σχετική έκθεση της Ευρωπαικής Επιτροπής για την απασχόληση και τις κοινωνικές εξελίξεις το 2014, η οποία παρουσιάσθηκε πρόσφατα στις Βρυξέλες, η Ελλάδα συγκαταλέγεται μεταξύ των κρατών-μελών, όπου το υψηλό ποσοστό του πληθυσμού το οποίο βρισκόταν στα όρια της φτώχειας το 2008 (28,1%) αυξήθηκε επικίνδυνα, κατά τη διάρκεια της κρίσης, σε 35,7% το 2013. Αντίστοιχα, παρατηρήθηκε αύξηση του ποσοστού των Ελλήνων που αντιμετωπίζουν σοβαρό πρόβλημα στη χρήση βασικών αγαθών, από 11,2% το 2008, σε 20,3% το 2013.

Η μακροχρόνια ανεργία αυξήθηκε από 3,7% το 2008, σε 18,6% το 2013 και το ποσοστό απασχόλησης στον οικονομικά ενεργά πληθυσμό (25-64 ετών) μειώθηκε την ίδια περίοδο από 61,9% σε 49,3%.

Το ίδιο φαινόμενο, σχετικά με την ανεργία, παρουσιάσθηκε και σε άλλες χώρες όπως η Ισπανία, η Λιθουανία και η Ιρλανδία.

Σύμφωνα με την ίδια έρευνα, η Ελλάδα καταλαμβάνει, μαζί με την Ισπανία, την Ιρλανδία, την Ιταλία και την Ουγγαρία την πρώτη θέση σε επίπεδο φτώχειας, στην Ευρωπαϊκή Ένωση, ενώ οι χώρες που αποδείχθηκαν περισσότερο ανθεκτικές στην οικονομική κρίση, εμφανίζονται να είναι οι χώρες που παρείχαν υψηλής ποιότητας απασχόληση και αποτελεσματική κοινωνική προστασία, επενδύοντας στις κοινωνικές μεταρρυθμίσεις.

Η Ελλάδα όμως, είναι πρώτη και στις κοινωνικές ανισότητες, καθώς όπως προκύπτει από τα στοιχεία της ΕΛΣΤΑΤ, το 20% των πλουσιότερων Ελλήνων, έχει 6,6 φορές υψηλότερο εισόδημα από το 20% των φτωχότερων συμπολιτών τους.

Ενδεικτικό είναι, ότι το ποσοστό της ανισότητας παρέμεινε αμετάβλητο το 2013 και είναι το μεγαλύτερο στην Ευρώπη, μαζί με αυτό της Βουλγαρίας. Ακολουθεί με χάσμα φτωχών και πλουσίων 6,3% η Λετονία και η Ισπανία, ενώ στην Νορβηγία η κοινωνική ανισότητα είναι μόνο 3,3%.

Σύμφωνα πάλι με την ΕΛΣΤΑΤ, ανισότητες παρουσιάζονται και στα καταναλωτικά πρότυπα, μέσα στην Ευρωπαική οικογένεια.

Στην Ελλάδα και στη Βουλγαρία, το σχετικά μεγαλύτερο μερίδιο των δαπανών του μέσου προϋπολογισμού των νοικοκυριών αφορά στα είδη διατροφής. Στη Γερμανία και τη Νορβηγία καταγράφονται ως υψηλότερες οι δαπάνες, αυτές αφορούν τη στέγαση, ενώ στο Ηνωμένο Βασίλειο οι δαπάνες για μεταφορές.

Σύμφωνα με άλλη έκθεση που δημοσίευσε η Unicef το φθινόπωρο του 2014, η παιδική φτώχεια έχει αυξηθεί σε 23 από τις 41 πλουσιότερες χώρες του κόσμου, από το 2008. Ανάμεσά τους και η Ελλάδα, η οποία έρχεται πρώτη, (με ποσοστό 40,5% από 23% το 2008),μαζί με την Ισλανδία, καταγράφοντας μία ακόμη αρνητική πρωτιά. Έπονται η Λετονία (μαζί με την Ισπανία, με ποσοστά πάνω από 36%), η Κροατία και η Ιρλανδία.

Περισσότερα από 686.000 παιδιά ζουν σε κίνδυνο φτώχειας ή κοινωνικού αποκλεισμού στη χώρα μας. Η οικονομική κρίση πλήττει περισσότερο τα νοικοκυριά που είναι τρίτεκνα ή πολύτεκνα, ενώ περίπου 100.000 παιδιά στη χώρας μας εγκαταλείπουν το σχολείο για να εργαστούν.

Όσο περισσότερο διάστημα παραμένουν αυτά τα παιδιά παγιδευμένα στον κύκλο της φτώχειας τόσο πιο δύσκολο θα είναι να αποδράσουν, με αποτέλεσμα μία ολόκληρη γενιά να παγιδεύεται στη διά βίου στέρηση υλικών αγαθών, αλλά και προοπτικών.

Τρεις διαφορετικές εκθέσεις, στις οποίες αναφέρεται το παρόν άρθρο και πολλές άλλες που δεν έρχονται στο φως της δημοσιότητας, εκθέτουν τις παθογένειες του οικοδομήματος που λέγεται Ευρωπαϊκή Ένωση.

Η λίστες της φτώχειας, των ανισοτήτων σε αντιπαραβολή με τις λίστες Λαγκάρντ, Siemens και γενικότερα τις λίστες της διαπλοκής, καταδεικνύουν ότι το πρόβλημα μέσα στην Ευρωπαϊκή Ένωση, είναι η αδυναμία να ασκηθούν διορθωτικά μέτρα και προς τις δύο κατευθύνσεις.

Η αδυναμία εντοπίζεται κυρίως στην έλλειψη πολιτικής βούλησης, να σχεδιαστούν ουσιαστικοί τρόποι καταπολέμησης των αδικιών, πέρα από τους εισπρακτικούς μηχανισμούς που επιβάλλονται στο αποτέλεσμα που παράγουν.

Ακόμη και εάν μιλήσουμε όμως με όρους διαχειριστικής λογικής, υπάρχει πάντα λόγος να μπαίνει κανείς στις αιτίες του προβλήματος, προκειμένου να αλλάζει την ιδεολογία που βρίσκεται πίσω από αυτό. Και αυτό αποτελεί αρχή για την τεχνοκρατική προσεγγιστική, που πρωτίστως οφείλει να κινείται από και προς το ανθρώπινο κεφάλαιο. Οποιεσδήποτε άλλες τεχνοκρατικές αναλύσεις υποκινούνται από άλλου είδους κεφάλαια, πολιτικά ή οικονομικά, απέχουν πολύ ακόμη και από τις ίδιες τις επιστήμες που τις επινόησαν.

Διότι η χειριστική επιστήμη δεν αποτελεί καν επιστήμη...

Η έλλειψη πολιτικής βούλησης λοιπόν και η εμμονή σε μεθόδους που δεν εξυπηρετούν στην διεξοδική λύση των διακριτών πλέον προβλημάτων μέσα στην Ευρωπαϊκή Ένωση, συνιστούν δυστυχώς στην χειραγώγηση της Δημοκρατίας από μια ομάδα ηλιθίων και των παραγώγων τους, που θα οδηγήσει μοιραία στην αποσύνθεση του οικοδομήματος.

Οι λίστες μεταρρυθμίσεων, που εκφράζουν τους παραπάνω και στόχο έχουν να επιτύχουν ένα προσωρινό οικονομικό λίφτινγκ, που καμία σχέση δεν έχει με την ανάπλαση των κατεστραμμένων κοινωνικών ιστών, της όποιας χώρας συγκαταλέγεται σε αυτή την οικογένεια, αποτελούν άχρηστα χαρτιά που ο λαοί θα τα χρησιμοποιήσουν απλά ως σκουπιδόχαρτα...

Οι μεταρρυθμίσεις θα πρέπει να αντιστοιχούν στις προτεραιότητες που επιβάλλουν οι παθογένειες μέσα στην Ευρωπαϊκή Ένωση και στην αποκατάσταση τους, καθώς και να εξασφαλίζουν τη σύγκλιση μεταξύ των κρατών μελών και όχι την απόκλιση. Απαιτείται δε να γίνονται ομόφωνα αποδεκτές, καθώς βασίζονται σε αντικειμενικές συνθήκες τεκμηρίωσης.

Μόνο έτσι, μπορούν να χαίρουν το σεβασμό των κοινωνιών και των Κυβερνήσεων τους. Αλλιώς κινδυνεύουν να κατοχυρωθούν ιστορικά, ως πατέντες μιας ανθρωποφοβικής πολιτικής, που γκετοποιεί το ίδιο τον άνθρωπο...

Ο ΞΕΠΕΡΑΣΜΕΝΟΣ ΚΩΔΙΚΑΣ ΕΠΙΚΟΙΝΩΝΙΑΣ ΤΗΣ ΕΥΡΩΠΑΙΚΗΣ ΕΝΩΣΗΣ

Η ελληνική κυβέρνηση προσπαθεί και πρέπει να εξασφαλίσει τα μέγιστα δυνατά οφέλη στη διαπραγμάτευση με τους Ευρωπαίους εταίρους μας, διατηρώντας απαράβατα τις κόκκινες γραμμές που έχει θέσει.

Η Ε.Ε. διαθέτει έναν ξεπερασμένο κώδικα επικοινωνίας και συμπεριφοράς τον οποίο προσπαθεί να επιβάλλει στα κράτη-μέλη, σε έναν αγώνα εδραίωσης μιας αμφισβητούμενης εξουσίας που ακουμπάει στην λεηλάτηση των εισοδημάτων των φτωχότερων τάξεων. Σύμμαχοί τους σε αυτήν την προσπάθεια, αποτελούν οι πολιτικές και οικονομικές τάξεις που τρέφονται από την ανακατανομή των εισοδημάτων των πολλών.

Και αυτό δεν αποτελεί δυστυχώς ζήτημα συμβολισμών, αλλά μιας σαθρής ουσίας, πάνω στην οποία οικοδομήθηκε όλο το Ευρωπαικό εγχείρημα.

Εκεί σκοντάφτουν και οι διαπραγματεύσεις της Ελληνικής Κυβέρνησης με την ΕΕ.

Οι διαπραγματεύσεις δεν θα έπρεπε να αποτελούν ένα παιχνίδι διπλωματίας, αντιστοιχισμένο σε φίλους και αντιπάλους, αλλά μια σοβαρή προσέγγιση των προβλημάτων που αντιμετωπίζει σήμερα η ΕΕ, προκειμένου να σταθεί στα πόδια της.

Είναι λάθος προσέγγιση να θεωρούμε, ότι η Ελλάδα σε αυτή τη συγκυρία χρειάζεται περισσότερους φίλους και λιγότερους αντιπάλους, αποκτημένους από την δουλοπρεπικής της συμπεριφορά.

Πραγματικοί φίλοι είναι εκείνοι, που όχι μόνο μπορούν να αναγνωρίσουν τα προβλήματα της Ελλάδας σήμερα, αλλά και να πάρουν θέση υπέρ δικαίου. Πραγματικοί αντίπαλοι είναι εκείνοι που υπερασπίζονται τις πολιτικές που προηγουμένως έχουν μελετήσει καλά. Δυστυχώς σε αυτό το παιχνίδι δεν υπάρχουν ούτε πραγματικοί φίλοι, ούτε πραγματικοί αντίπαλοι, διότι εάν συνέβαινε αυτό οι διαπραγματεύσεις θα είχαν ήδη ολοκληρωθεί με επιτυχία, όχι μόνο προς όφελος της Ελλάδας, αλλά ολόκληρης της ΕΕ.

Αυτό καθιστά αυτόματα τις διαπραγματεύσεις άνισες και την υιοθέτηση αθέμιτων μέσων παγιωμένη τακτική, όπως προκύπτει εξάλλου και από την τρέχουσα πραγματικότητα.

Ως δράση -αντίδραση τα αντανακλαστικά της κοινωνίας αυξάνουν την αντίσταση της, με ταχύτητα που μπορεί να προκαλέσει πολλά ατυχήματα στο δρόμο προς την τεκμηρίωση του «εφικτού» που φαίνεται να αποτελεί και το στρατηγικό επιχείρημα της παρωχημένης πολιτικής σέχτας, που ηγείται σήμερα στην ΕΕ, αλλά διαθέτει και θυγατρικές στα κατά τόπους κράτη-μέλη.

Τα προβλήματα της Ελλάδας δεν αφορούν μόνο εκείνη, αλλά και όλες τις χώρες που υποβαστάζονται να λειτουργήσουν, προκειμένου να δίνουν ψήφο εμπιστοσύνης σε ένα σύστημα που μειονεκτεί από πλευράς αποτελεσματικής διαχείρισης των κρίσεων.

Η φτώχεια , η ανεργία, η ιδιωτικοποίηση των δημόσιων αγαθών και η λεηλάτηση του εθνικού πλούτου, έχουν αντικαταστήσει σήμερα τις σημαίες στα περισσότερα κράτη-μέλη της ΕΕ, ως και αποτελούν πια τα εθνικά σύμβολα της Ευρωπαικής οικογένειας.

Αν αυτό από μόνο του δεν αποτελεί κίνητρο για να αλλάξει συνολικά η Ευρωπαική πολιτική, τι μπορούν να σου κάνουν τα στημένα παιχνίδια διπλωματίας παρά να μπλοφάρουν εις βάρος σου...

Όσο για την «πολυφωνία» της αριστεράς, ή της λαικής δεξιάς, που για μερικούς τείνει να αποπροσανατολίσει το παιχνίδι, ίσως αποτελεί την μόνη ελπίδα για να ισορροπήσουμε επιτέλους ανάμεσα σε αυτά που κατέχουμε και σε αυτά που θα έπρεπε να κατέχουμε και αποτελεί έτσι και την ασφαλιστική δικλείδα, προκειμένου να μην μετατραπεί και αυτή Κυβερνητική εξουσία σε παραεξουσία...

ΓΙΑ ΠΟΙΑ ΡΗΞΗ ΟΜΙΛΕΙ Ο ΠΟΙΗΤΗΣ...

Στο Παρίσι, το Βερολίνο και τη Ρώμη θα ταξιδέψει ο επικεφαλής του Eurogroup, Γερούν Ντάισελμπλουμ, προκειμένου να σφυγμομετρήσει τα πράγματα σχετικά με την κατάσταση στην Ελλάδα, να καταγράψει συμμαχίες και να ηρεμήσει τα πνεύματα, μετά τις συνεχείς πιέσεις που ασκούνται στην Ελλάδα να καταρρίψει τις κόκκινες γραμμές που έχει βάλει για να επιτευχθεί συμφωνία.

Προσπαθεί να μετρήσει απώλειες ο εκτελεστικός παράγοντας της πολιτικής του καλά ριζωμένου κεφαλαίου, καθώς έξοδος της Ελλάδας από το ευρώ θα άφηνε στο χάος τη δυτική συμμαχία.

Αλαλιάζουν οικονομικοί παράγοντες σε Ελλάδα και εξωτερικό, βλέποντας τα καρτέλ της πολιτικής τους δύναμης να καταρρέουν αδύναμα, μπροστά σε ένα μικρόσωμο Δαυίδ, που έχει την τόλμη να τα βάλει μαζί τους και να απειλεί με αξιώσεις την κυριαρχία τους.

Φαίνεται ότι έχουν αρχίσει να τρίζουν τα θεμέλια της «Νομισματικής Ένωσης», καθώς αποκαλύπτεται σιγά σιγά στον κόσμο ο πραγματικός λόγος δημιουργίας της και έχουν επιστρατευτεί όλοι προκειμένου να μην διαταραχθεί η «πολιτική τάξη» που έχουν επιβάλει.

Αυτές οι δισυπόστατες δυνάμεις που προσπαθούν να σώσουν τον κόσμο δανείζοντας και τοκίζοντας την ίδια τη δύναμη του, αξιώνουν επίσης να μπουν στην κρεατομηχανή, αυτοί που όχι μόνο αμφισβητούν το οικονομικό πλαίσιο που αυτές δημιούργησαν για να στηρίξουν τις πολιτικές τους, αλλά μπορούν και τεχνοκρατικά να το γκρεμίσουν αφήνοντας μια γεύση αηδίας για τις οικονομικές αμπελοφιλοσοφίες που εχθρεύονται τον ίδιο τον άνθρωπο.

Στην Ελλάδα που γεννήθηκαν οι περισσότερες επιστήμες, καμία από αυτές δεν θεωρούνταν έγκυρη αν δεν ήταν συμβατή με την εξέλιξη του ανθρώπου.

Δυστυχώς σήμερα τη σκυτάλη έχουν πάρει πληρωμένοι σοφοί, ενώ οι επιστήμες χρησιμοποιούνται για να περιχαρακώσουν το μέλλον της ανθρωπότητας και για να βάλουν εισιτήριο στις ζωές μας, να τις βιώνουμε ως θεατές.

Μην μας εξάπτει λοιπόν την φαντασία, ότι όλο το πανηγύρι γίνεται για το εργασιακό –ασφαλιστικό και τις ιδιωτικοποιήσεις.

Μετά από έναν εξουθενωτικό μαραθώνιο διαπραγματεύσεων αποκαλύπτονται τελικά τα πραγματικά κίνητρα των εταίρων και των εύστοχων δανεισμών τους.

Μετά την Ευρωπαϊκή Επιτροπή άρχισε και το ΔΝΤ να ξερνάει την αλήθεια και προσπαθεί να οριοθετήσει τις αλλαγές σε εργασιακό και ασφαλιστικό.

Και διερωτώμαι, πως μπορεί να ωφελήσει το ΔΝΤ, η φθηνή εργασία και η χαμηλή ασφάλιση στην Ελλάδα;;;

Βεβαίως και μπορεί, όταν κοινή συνισταμένη και των δύο, Ευρώπης και ΔΝΤ, είναι να μπουκάρει το ξένο κεφάλαιο στην Ελλάδα αλλά και στις υπόλοιπες χώρες/αγορές της Ευρώπης αξιοποιώντας το χαμηλό κόστος εργασίας, προκειμένου να μεγιστοποιήσει τα κέρδη του.

Δύο οι στόχοι λοιπόν :
1)Να εκποιηθεί όλος ο εθνικός πλούτος σε τιμές πλειστηριασμού
2)Να σέρνουν το άρμα των ξένων πολυεθνικών ανθρώπινα υποζύγια, που θα τρέφονται ελάχιστα.
Αν κάποιος, μετά από όλα αυτά, θεωρεί πως δεν πρέπει να υπάρχουν κόκκινες γραμμές στις διαπραγματεύσεις της Κυβέρνησης με την ΕΕ, τότε δεν λογίζεται μόνο ανθέλληνας αλλά και υπάνθρωπος...

Η ρήξη υφίσταται ήδη κυρίες και κύριοι. Η ρήξη έγκειται, στο ότι θέλουμε να ζήσουμε ανθρώπινα και μας το στερούν. Η ρήξη έγκειται, στο ότι μας δανείζουν χρήματα, για να τους επιτρέψουμε να διαχειρίζονται την εμπορική μας ετικέτα.

Το ζητούμενο είναι, εάν η ρήξη αποβεί ωφέλιμη προς την κατεύθυνση της αλλαγής πλεύσης της πολιτικής που ασκείται από την ΕΕ. Το ζητούμενο είναι αν η ΕΕ αξιοποιήσει αυτή την ευκαιρία που της δίνει η Ελλάδα, να αναζητήσει πηγές ιδεολογικού προσανατολισμού για να στηρίξει την νομισματική ένωση που πάσχει από στόχους.

Ας μπουν λοιπόν τα ερωτήματα στην πραγματική τους διάσταση στις δημοσκοπήσεις:

-Πόσοι από εμάς επιθυμούν να συνεχίσουν να ζουν   με τις παρούσες συνθήκες και πόσοι όχι ;

-Πόσοι από εμάς αντέχουν να ζουν με τις παρούσες συνθήκες και πόσοι όχι;

-Πόσοι από εμάς πεθαίνουν κάτω από τις παρούσες συνθήκες και πόσοι όχι;

Και όταν τα αποτελέσματα βγουν στη δημοσιότητα και η σύνθεση αποκαλύψει αυτό που όλοι φοβούνται, θα έχει κατονομασθεί και η έννοια της ρήξης. Τα υπόλοιπα είναι απλώς «πληρωμένες πεποιθήσεις»…

ΑΡΘΡΟ 29⁰ – ΠΡΩΤΗ ΔΗΜΟΣΙΕΥΣΗ 11/5/2015

Η ΠΛΑΣΤΗ ΝΙΚΗ ΤΟΥ ΚΑΜΕΡΟΝ ΣΤΗΝ Μ. ΒΡΕΤΑΝΙΑ

Κι αναρωτιέται κανείς, τελικά, ποιός είναι ο νικητής των εκλογών στη Μ. Βρετανία...

Από εδώ και στο εξής, θα παρακολουθεί με κομμένη την ανάσα, η Ευρώπη, τις εξελίξεις στην Μ. Βρετανία, καθώς, η νίκη Κάμερον οικοδομήθηκε πάνω στο δημοψήφισμα που έταξε στους Άγγλους ψηφοφόρους, για την παραμονή ή όχι της χώρας στο ΕΕ.

Η 180⁰ μοίρες στροφή της πολιτικής Κάμερον, σχετικά με το ευρωπαικό μέλλον της χώρας, σηματοδότησε και την νίκη του συντηρητικού κόμματος στις εκλογές, καθώς υπέκλεψε με εύσχημο τρόπο μεγάλο μέρος ψηφοφόρων από τον ευρωσκεπτικιστικό κόμμα του Νάιτζελ Φάρατζ, που έμεινε για αυτό το λόγο εκτός βουλής.

Ο ευρωσκεπτικισμός πλέον, πήρε πιο επίσημο ρόλο, καθώς αυτή τη φορά εκπροσωπείται από την ίδια την κυβέρνηση της Μ. Βρετανίας.

Ο Κάμερον δεσμεύτηκε απέναντι στον βρετανικό λαό, ότι θα διεξάγει δημοψήφισμα έως το 2017, για την παραμονή της Βρετανίας στην Ε.Ε και αυτή η συγκεκριμένη δέσμευση ήταν ο πραγματικός νικητής των εκλογών στη Μ. Βρετανία.

Συμπληρωματικά το Εθνικό Κόμμα της Σκωτίας "SNP" αποδείχθηκε επίσης νικητής, καθώς κατάφερε να τετραπλασιάσει μέσα σε μερικούς μήνες τον αριθμό των υποστηρικτών του. Σήμερα, οι υποστηρικτές του φθάνουν τα 100.000 μέλη, ενώ η βασική του πολιτική γραμμή αντιτίθεται στην Ευρωπαική πολιτική της λιτότητας.

Μέχρι πρότινος το SNP μετρούσε μόλις έξι βουλευτές στη βρετανική βουλή, όμως στις εκλογές της 7ης Μαΐου κατάφερε να κερδίσει τις 56 από τις 59 έδρες που αντιστοιχούν στη Σκωτία, γεγονός που το κάνει ισχυρό συνομιλητή στην Αγγλική βουλή κατά της λιτότητας. Το δημοψήφισμα σχετικά με την ανεξαρτησία της Σκωτίας τον περασμένο Νοέμβρη εξάλλου, είχε προκύψει από την εναντιωτική του στάση σε αυτού του είδους τις πολιτικές, που ασκούσε η ΕΕ και εκτελούσε η Αγγλική κυβέρνηση, και για λογαριασμό της Σκωτίας.

Παράλληλα οι προεδρικές εκλογές στην Πολωνία, την μεγαλύτερη οικονομία της Ανατολικής Ευρώπης σήμερα, καταδεικνύουν επίσης αντιθετική γραμμή προς την ασφυκτική ευρωπαϊκή οικονομική πολιτική, καθώς έχουν ως διακύβευμα την υιοθέτηση ή όχι του ευρώ, ανεξάρτητα με την έκβαση του τελικού αποτελέσματος.

Ταυτόχρονα, οι εκλογές στο κρατίδιο της Βρέμης, βυθίζουν την Μερκελική πολιτική και εντάσσουν τους ευρωσκεπτικιστές στη Βουλή. Έτσι η Βρέμη θα αποτελεί το 5 κρατίδιο, που αμφισβητεί τις πολιτικές της λιτότητας στη Γερμανία.

Πιο συγκεκριμένα, οι Σοσιαλδημοκράτες κέρδισαν την Κυριακή τις εκλογές που διεξήχθησαν στην πόλη-κρατίδιο της Βρέμης, ενώ το ευρωσκεπτικιστικό κόμμα AfD εισέρχεται στο τοπικό κοινοβούλιο.

Και έτσι το πολιτικό σκηνικό στην Ευρώπη, αποκτά καινούργιες πρακτικά πολιτικές κατευθύνσεις, που είναι :

-Η σθεναρή αντίσταση της Ελλάδας στην Ευρωπαική πολιτική

-Το δημοψήφισμα στην Μ. Βρετανία για την παραμονή ή όχι στην ΕΕ

-Η αντίθεση στο ευρώ στην Πολωνία

-Ο ευρωσκεπτικισμός στο σώμα της Γερμανίας

Το σενάριο της τραυματισμένης Ευρώπης άρχισε να παίρνει ακόμη μεγαλύτερες διαστάσεις, καθώς καινούργιες χώρες έρχονται να προστεθούν στην προσπάθεια αλλαγής της κεντρικής Ευρωπαικής πολιτικής. Η νίκη των αουτσάιντερ κατά της λιτότητας αποδεικνύει, ότι η αντίδραση θα είναι καθολική εάν δεν επέλθει η αναμενόμενη αλλαγή και η διάλυση της Ενωμένης Ευρώπης θα αποτελεί επιλογή χωρίς εναλλακτικές.

Η σωτηρία των πολλών δεν αποτελεί πια εργαλείο στα χέρια των λίγων, αλλά αυτοδιαχειριζόμενη υπόθεση στα χέρια της Δημοκρατίας…

ΑΡΘΡΟ 30⁰ – ΠΡΩΤΗ ΔΗΜΟΣΙΕΥΣΗ 20/5/2015

ΗΡΘΕ Η ΩΡΑ ΤΗΣ ΣΥΜΦΩΝΙΑΣ

Προμελετημένο το σχέδιο τεχνητών συγκρούσεων με σκοπό την χειραγώγηση κυβέρνησης και κοινής γνώμης, καθώς για πρώτη φορά αυτά τα δύο υποσύνολα έρχονται τόσο κοντά, που το ένα σχεδόν απορρέει από το άλλο, δημιουργώντας μια ολόκληρη έννοια Δημοκρατίας.

Το μαρτύριο της σταγόνας επινοήθηκε και πάλι σαν πολεμική τακτική προκειμένου ο αιχμάλωτος λαός να αποδεχθεί τις όποιες απεχθείς απαιτήσεις του δυνατού. Μόνο που στις συνθήκες αιχμαλωσίας δεν προέβλεψαν, ότι μερικοί λαοί είναι φτιαγμένοι να πεθαίνουν για να γράφει ιστορία ολόκληρη η ανθρωπότητα. Έτσι αναγκαστικά το σύστημα θα αναπροσαρμόζεται στις απαιτήσεις τους, προκειμένου να παραμείνει ένα μέρος του στην εξέλιξη.

Ο χρόνος στην κλεψύδρα τελείωσε, όπως τελείωσαν και οι μούφα ρήξεις, καθώς η πραγματική ρήξη επήλθε από την πρώτη στιγμή που υπογράφηκαν τα μνημόνια και εξακολουθεί να βρίσκεται σε ισχύ , μέχρι να καταργηθούν τελείως

Το θηρίο επιχείρησε να καταπιεί ολόκληρη την ελληνική κοινωνία και όχι μόνο την ελληνική οικονομία. Δεν του βγήκαν όμως οι μπλόφες, που μέχρι πρότινος χρησιμοποιούσε με σημαδεμένη τράπουλα από το εσωτερικούς συνεργούς του, καθώς και αυτοί διαλύονται ατάκτως, κάτω από το βάρος της ευθύνης απέναντι στον ελληνικό λαό.

Το πιο σοβαρό κομμάτι της μείζονος αντιπολίτευσης έχει από καιρό συνταχθεί με την ενιαία προσπάθεια αντιμετώπισης της κρίσης . Άλλες συνιστώσες της μείζονος αντιπολίτευσης έστω και αργά διαχωρίζουν τη θέση τους από ένα εμπαθή πρώην πρωθυπουργό, που το μόνο που τον απασχολεί, φαίνεται να είναι το πώς θα πηδήξει από τα καράβι, διατυμπανίζοντας ότι δικαίως έριξε το καράβι στα βράχια γιατί δεν είχε άλλη εναλλακτική.

Τα υπόλοιπα κόμματα που έχουν εθνική ταυτότητα, ασχέτως αν στηρίζουν την κυβέρνηση ή όχι στη διαπραγμάτευση, δεν παύουν να διακηρύσσουν για τις δίκαιες διεκδικήσεις που πρέπει να έχει ο ελληνικός λαός , απέναντι στην κατοχή που έχει υποστεί από την νομενκλατούρα ενός σάπιου συστήματος, που λογοδοτεί σε μια νοθευμένη Δημοκρατία.

Πάντως ο συνασπισμός των δυνάμεων, που θέλουν την χώρα όρθια απέναντι στους κυρίαρχους της,είναι και αυτός που φαίνεται τελικά να κερδίζει, καθώς ο λαός αποφασίζει όχι μόνο για τις κυβερνήσεις του, αλλά και για τις δικλείδες ασφαλείας που τοποθετεί προκειμένου να αντέξει στις πιέσεις που του ασκούνται.

Και όποιος είπε ή εννόησε, ότι τελικά δεν είναι ο λαός αυτός που αποφασίζει, θα βρεθεί προ εκπλήξεως, διότι η πραγματική βούληση του λαού είναι να πάψει να είναι χαμένος, γνωρίζοντας ότι είναι ήδη χαμένος.

Τα media και η πληρωμένη αισθητική τους που εκφράζεται μέσα από κόμματα, εκπομπές και δημοσκοπήσεις που δεν εκπροσωπούν την κοινή γνώμη , δεν μπορούν πια να χειραγωγήσουν τους δέκτες που δεν έχουν τι άλλο να χάσουν. Οφείλουν να καταλάβουν, ότι η μάζα γίνεται ομοιόμορφη όταν έχει κοινό στόχο, με το οποίο σίγουρα δεν ταυτίζονται , καθώς δεν αποτελούν κύτταρα της ελληνικής κοινωνίας, αλλά του σώματος του κεφαλαίου, που ζητά να ορίζει τα πράγματα στην Ελλάδα και το εξωτερικό εις βάρος του λαού.

Έτσι λοιπόν με αυτά και με αυτά, είμαστε πολύ κοντά σε μια συμφωνία, γιατί πολύ απλά ήρθε η ώρα που το σύστημα πρέπει να πάρει τις αποφάσεις του, καθώς χάνει περισσότερα από την μετάδοση του μικροβίου της επανάστασης, που τείνει να κολλήσει και άλλους λαούς και να αναθεωρήσει τη στρατηγική του.

Η συμφωνία που θα κλεινόταν έτσι και αλλιώς, δεν έχει παρά να πατήσει πάνω στις διεκδικήσεις των κυβερνόντων τηρουμένων των αναλογιών και να αφήσει πίσω το μαιλ Χαρδούβελη. Το δόγμα του Σοκ βασισμένο στη ιδεολογική αρχή συμπίεσης της συνείδησης της μάζας το ελληνικά γνωστό, ως «μη χείρον βέλτιστον», λειτουργεί μόνο σε συνθήκες εποικοδομητικής επιβίωσης και όχι σε συνθήκες πολέμου.

Σε συνθήκες πολέμου ο χαμένος είτε κείτεται στο έδαφος , είτε πολεμάει για την επιβίωση του , δεν έχει χρόνο να σκεφτεί τι να διαλέξει γιατί πολύ απλά ο ίδιος ο πόλεμος δεν του έχει αφήσει επιλογές. Έτσι λοιπόν η υποχώρηση δεν αποτελεί επιλογή. Το δόγμα του σοκ λοιπόν ,που στηρίζεται στην τακτική της υποχώρησης δεν βρίσκει έδαφος για να καρποφορήσει.

Άλλη μια γκάφα του συστήματος, που παγιδεύεται στην αλαζονεία του και ούτε το πρόβλημα δεν μπορεί να διαγνώσει σωστά, προκειμένου να το αντιμετωπίσει αποτελεσματικά.

31)ΔΗΜΟΣΙΕΥΣΗ1/6/2015

ΠΑΓΚΟΣΜΙΟ ΣΥΜΒΟΛΟ Η ΜΠΛΕΤΑ ΜΕ ΤΟ "UNFUCK GREECE

Το σύνθημα "UNFUCK GREECE" που κυριάρχησε στις συναυλίες των U2 σε ΗΠΑ και Καναδά, αποτελεί πλακάτ της αρθρογράφου μας του New Deal Παναγιώτας Μπλέτα, με το οποίο διαδήλωνε στις συγκεντρώσεις που πραγματοποιήθηκαν στο Σύνταγμα το περασμένο Φεβρουάριο και είναι εμπνευσμένο από το ομώνυμο βιβλίο της "UNFUCK THE WORLD".

Η Παναγιώτα Μπλέτα κατάφερε να τραβήξει το ενδιαφέρον των media διεθνώς με ένα σύνθημα που μπορεί να ακούγεται τολμηρό στην γλώσσα, πλην όμως απηχεί τα συναισθήματα όχι μόνο του Ελληνικού λαού, αλλά και όλων των λαών που αδικούνται...

Ο Μπόνο τραγούδησε και τραγουδά για τη φτώχεια και προβάλλει το σύνθημα «Unfuck Greece». υπέρ της Ελλάδας στις συναυλίες των U2 σε Αμερική και Καναδά!

Το «Bullet the Blue Sky» είναι ένα από τα πιο πολιτικά τραγούδια των U2, στην ίδια κατηγορία με το «Sunday Bloody Sunday». Γράφτηκε για το άλμπουμ «The Joshua Tree» του 1987 με αφορμή την εμπλοκή των ΗΠΑ στον εμφύλιο πόλεμο στο Ελ Σαλβαδόρ τη δεκαετία του 1980.

Όπως όλα τα μεγάλα έργα τέχνης είναι διαχρονικό και αποκτά νέο νόημα ανάλογα με το πώς το ερμηνεύει το συγκρότημα στην κάθε περιοδεία του. Το «Bullet the Blue Sky» έχει «μιλήσει» για τον Πόλεμο του Κόλπου, τον νεοναζισμό, τον γιουγκοσλαβικό εμφύλιο, το παλαιστινιακό, την τρομοκρατία.

Τώρα είναι η σειρά της οικονομικής κρίσης. Στην περιοδεία Innocence + Experience που ξεκίνησε πριν από δύο εβδομάδες στις ΗΠΑ και τον Καναδά, η γιγαντοοθόνη των U2 προβάλλει αρχικά εικόνες από τα καζίνο του Λας Βέγκας. Συνεχίζει με στιγμιότυπα από χρηματιστήρια: πρόσωπα γεμάτα ένταση, αριθμοί που αναβοσβήνουν, δείκτες στο κόκκινο. Και, μετά το σόλο του Edge, περνάμε σε κινητοποιήσεις κατά της κρίσης και της λιτότητας.

Εκεί, στο 5.42 του βίντεο, εμφανίζεται το σύνθημα «Unfuck Greece», που πρωτοεμφανίστηκε τον περασμένο Φεβρουάριο στις συγκεντρώσεις συμπαράστασης στη νεοεκλεγείσα ελληνική κυβέρνηση. Να σημειωθεί ότι στην αθηναϊκή συναυλία των U2 τον Σεπτέμβριο του 2010 ο Μπόνο είχε αναφερθεί στις δύσκολες εποχές που περνούν Έλληνες και Ιρλανδοί.

ΤΟ ΑΔΕΙΑΣΜΑ ΤΟΥ ΣΟΙΜΠΛΕ ΑΠΟ ΤΗΝ ΕΚΤ

Και επειδή πάντα οι ηθικοί αυτουργοί βάζουν κάποιους άλλους να παίζουν τους σκληρούς… Έτσι σφυγμομετρούν πότε είναι η πιο κατάλληλη ώρα για το τέλειο έγκλημα.

Ο σκληρός στην προκειμένη περίπτωση κύριος Σόιμπλε, έγκριτος επιστήμονας, αγκιστρωμένος στο γράμμα του νόμου, θα ερμηνεύσει και την τελεία στο πρωτόκολλο. Πιστός εκτελεστικός λοχαγός, ούτε καν στρατηγός για να χαράξει στρατηγική, διοικεί επιβάλλοντας την υπακοή σε δόγματα πεπερασμένα και τιμωρεί με καψόνια όσους στρατιώτες δεν θέλουν ή δεν μπορούν να υπηρετήσουν το στράτευμα μην υπολογίζοντας τις ανθρώπινες απώλειες. Στόχος ζωής του να αποδώσει έναν καλό τεχνικό έλεγχο καριέρας, που μοιραία όμως θα καταστρατηγήσει ο ίδιος, όταν ανακαλύψει πως ο ρόλος που του μοίρασαν να παίξει, είναι ο ρόλος του Ιαβέρη.

Έτσι κάνει τη δουλειά του το σύστημα. Ποτέ δεν δείχνει το αληθινό του πρόσωπο παρά μόνο τα πρόσωπα αυτών που καλούνται να κάνουν τη βρώμικη δουλειά, συνήθως έντιμων καλά καταρτισμένων, για να αποδίδουν πιο πειστικά το ρόλο τους. Η αναλωσιμότητα αυτών των προσώπων αποτελεί και το ανταγωνιστικό τους πλεονέκτημα σε σχέση με τους έντιμους, καλά καταρτισμένους, που όμως επιπλέον διαθέτουν άποψη για αυτό που κάνουν.

Η ψυχική σχέση με το αντικείμενο της δουλειάς τους ξεκινά πραγματικά όταν αισθανθούν, ότι στην πραγματική ζωή το «απόλυτο» αποτελεί φασιστικό εργαλείο, που τους το χορήγησε δωρεάν κάποια πολιτική εταιρία που θέλησε να διαφημίσει τα προϊόντα της, και δεν μπήκαν στην διαδικασία να το κρίνουν όταν έπρεπε. Τότε ο αυτοπνιγμός ίσως και να αποτελεί λύση για τους έχοντες συνείδηση.

Έτσι η έξοδος της Ελλάδας από την Ευρωζώνη, αν δεν συμφωνήσει σε νέο μνημόνιο, αποτελεί πάγια θέση του υπουργού Οικονομικών της Γερμανίας Β.

Σόιμπλε, που επιστρατεύεται από το σύστημα για να ασκήσει τιμωρητικές μεθόδους, προκειμένου η Ελλάδα να υποκύψει.

Η κινδυνολογία βέβαια επειδή ακριβώς αποτελεί κινδυνολογία, φαίνεται να μην βρίσκει έδαφος στην ΕΚΤ, που όμως αποτελεί αναπόσπαστο μέρος του συστήματος. Και αυτό γιατί μπορεί το σύστημα να έχει ακροβολίσει τους επιθετικούς του παίκτες, πλην όμως επειδή είναι αναλώσιμοι, μπορεί να τους αδειάσει οποιαδήποτε στιγμή χρειάζεται να αντισταθμίσει το παιχνίδι, όταν διαφαίνεται ότι ο αντίπαλος δεν είναι διατεθειμένος να υποχωρήσει…

Αν δεν υπάρξει συμφωνία και η Ελλάδα κηρύξει στάση πληρωμών μένοντας εκτός ευρωζώνης ή καταφύγει σε δικό της εθνικό νόμισμα, θα επικρατήσει κρίση ρευστότητας με πρώτα θύματα Γαλλία, Αυστρία, Πορτογαλία.

Σύμφωνα με σχετική έκθεση της ΕΚΤ, κάτι τέτοιο θα ήταν είναι ένα σοκ στις αγορές κρατικών ομολόγων που δεν εμφανίζουν υψηλή ρευστότητα, αφού το χρηματοοικονομικό σύστημα στην Ευρωζώνη δεν είναι ενιαίο και η κατανομή των κεφαλαίων γίνεται ανά χώρα.

Και αυτό γιατί σε κάποιες από τις ευρωπαικές οικονομίες χωρίς επαρκή ρευστότητα το «ελληνικό σοκ» γρήγορα θα μεγεθυνθεί, επηρεάζοντας συνολικά χρηματοοικονομικές συνθήκες και προκαλώντας τεχνητή κρίση ρευστότητας σε όλη την ευρωζώνη, με δεδομένο μάλιστα ότι τα επιτόκια έχουν υποχωρήσει κάτω απ' τα ιστορικά χαμηλά, ενώ φαίνεται πως οι τράπεζες δεν μπορούν πλέον να ρυθμίσουν το παιχνίδι στην αγορά.

Η πρόβλεψη της ΕΚΤ στην έκθεση αποκαλύπτει, ότι θα υπάρξει αύξηση του μέσου επιτοκίου της Ευρωζώνης κατά 50 μονάδες βάσης, ενώ οι αυξήσεις ανά χώρα θα κυμαίνονται από 2 ως 155 μονάδες βάσης. Ως οι πιο αδύναμοι κρίκοι αναγνωρίζονται τα ομόλογα της Κύπρου, της Ελλάδας, της Ουγγαρίας και της Πορτογαλίας.

Σε ότι αφορά τις αγορές μετοχών, το σοκ ανά αγορά θα ποικίλει από -1,5% ως -25%. Η ΕΚΤ περιμένει το μεγαλύτερο αρνητικό αντίκτυπο σε Αυστρία, Γαλλία, Ελλάδα και Πορτογαλία. Κατά μέσο όρο σε όλη την Ευρώπη η αγορά θα υποχωρήσει σε ένα τέτοιο σενάριο κατά 12%.

Ο αμερικανικός οίκος Goldman Sachs από την άλλη μεριά, σε μια έκθεση που παρουσιάζει ακριβώς την επόμενη της έκθεσης της ΕΚΤ, προβλέπει χάος και συνθήκες πολεμικές στην Ευρώπη, αν δεν υπάρξει συμφωνία Ελλάδας-δανειστών.

Ήδη η ευρωζώνη αντιμετωπίζει προβλήματα δανεισμού, με τα ομόλογα των χωρών της να έχουν αρχίσει να μολύνονται από την ελληνική κρίση και αν δεν υπάρξει συμφωνία θα αιμορραγήσει η παγκόσμια οικονομία...

Πιο συγκεκριμένα στην έκθεση αναφέρεται ότι παραμένει η υψηλή μεταβλητότητα στα ομόλογα της ευρωζώνης, αλλά το ανησυχητικό είναι ότι έχει αρχίσει να μεταδίδεται και στους τίτλους άλλων χωρών της περιφέρειας, η δυσχέρεια στο δανεισμό μέσω ομολόγων. Η συσχέτιση μεταξύ των ελληνικών 10ετών με τα αντίστοιχα Ιταλίας, Ισπανίας και Πορτογαλίας έχει αυξηθεί μετά το Μάρτιο και θα συνεχίσει να αυξάνεται καθώς οι διαπραγματεύσεις θα συνεχίζονται.

Η προκαταρκτική συμφωνία μεταξύ Ελλάδας και δανειστών τον Ιούνιο, θα οδηγήσει σε εκταμίευση επαρκών πόρων για να πληρωθεί το ΔΝΤ και θα ανοίξει το δρόμο για την επόμενη φάση των διαβουλεύσεων που θα ολοκληρωθούν το Φθινόπωρο.

Αν δρομολογηθούν οι πληρωμές προς το ΔΝΤ και μεταβιβαστούν οι υποχρεώσεις της Ελλάδας προς την ΕΚΤ στον επίσημο τομέα, τότε η προκαταρτική συμφωνία θα αποτελέσει την μετάβαση για να βρεθεί μόνιμη λύση στο πρόβλημα που αποτελεί η απομείωση του ελληνικού χρέους, έτσι ώστε να καταστεί βιώσιμο. Η συνηγορία των κοινοβουλίων των υπόλοιπων χωρών της Ευρωζώνης θα έρθει ομαλά τότε και θα δείξει τον ασφαλή δρόμο για να λύσει τα προβλήματά της η Ευρώπη.

Και αυτή την κατεύθυνση θα πρέπει να έχουν οι σωστές διαπραγματεύσεις, όσο επώδυνες κι αν είναι, την απομείωση του χρέους. Μόνο έτσι μπορεί η Ελλάδα να δημιουργήσει αναπτυξιακό μέλλον και θα ωφελεί να παραμένει στην Ευρώπη. Οι υπόλοιπες απειλές εντός και εκτός της χώρας αποτελούν συζητήσεις της γειτονιάς για να καμφθεί το λαϊκό αίσθημα. Στην Ελλάδα όμως αυτό δεν τιθασεύεται...

ΑΡΘΡΟ 33⁰ – ΠΡΩΤΗ ΔΗΜΟΣΙΕΥΣΗ 17/6/2015

Η ΔΗΜΟΣΚΟΠΗΣΗ ΤΟΥ ΛΑΟΥ...

Πολλές οι δημοσκοπήσεις και τα καίριο ερώτημα πάντα ίδιο.

Ναι ή Όχι στο ευρώ. Και οι απαντήσεις πλειοψηφικά υπέρ. Τόσο πλειοψηφικά, που πλέον έχει ξεπεραστεί και το ίδιο το ερώτημα...

Ένα μόνο θέμα εκκρεμεί , το οποίο αποτελεί και την ουσία ενός ερωτήματος, που στην επιφάνεια του λειτουργεί παραπλανητικά.

Ναι στο ευρώ, αλλά σε ποιο ευρώ...

Ποια συμφωνία είναι εκείνη που θα ισοσταθμίσει το ευρώ της Ελλάδας με το ευρώ της Γερμανίας, τις εμπορικές συναλλαγές της Ελλάδας με τις εμπορικές συναλλαγές της Γερμανίας, τη ζωή στην Ελλάδα με τη ζωή στη Γερμανία, τους μισθούς της Ελλάδας με τους μισθούς της Γερμανίας , τις συντάξεις της Ελλάδας με τις συντάξεις της Γερμανίας;

Για το κόστος ζωής δεν θα πω, γιατί αυτό είναι ήδη ισοσταθμισμένο, αν όχι μεγαλύτερο στην Ελλάδα σε κάποια αγαθά και όλα αυτά χάρη στην ευγενική χορηγία της Ευρωπαικής Ένωσης, που μας επιτρέπει τις εισαγωγές από τις αδερφές χώρες και κυρίαρχα από τη Γερμανία, προκειμένου να αναπτύσσεται η οικονομία της πλεονασματικά...

Ποια συμφωνία είναι εκείνη που θα επιτρέψει την Ελλάδα να ανταπεξέλθει πραγματιστικά στο χρέος της, κάνοντας το βιώσιμο;

Ποιά συμφωνία είναι εκείνη που θα επιτρέψει δίκαιους φόρους, που θα αφήσουν την ανάπτυξη να αναπνεύσει και θα ανακατανείμουν τα εισοδήματα ωφελώντας τα φτωχότερα στρώματα , που σήμερα αποτελούν τη μεγαλύτερη στοιβάδα της ελληνικής κοινωνίας;

Ποια συμφωνία είναι εκείνη που θα βάλει τέλος στην κερδοσκοπία εις βάρος των υπόλοιπων λαών μέσα στην Ευρωπαική Ένωση;

Ποια συμφωνία είναι εκείνη που θα μας κάνει να υπολογίζουμε την Ευρωπαική Ένωση, ως την ευκαιρία της χώρας για ανασυγκρότηση της οικονομικής και κοινωνικής της δομής;

Αν όλα αυτά τα ερωτήματα εκτεθούν σε μια δημοσκόπηση, τότε θα βγάλουμε αδιαφιλονίκητα συμπεράσματα για το τι πραγματικά ζητά ο λαός.

Και αυτή την δημοσκόπηση θα έπρεπε να την έχει διεξάγει η ίδια η Ευρωπαική Ένωση σε όλες τις χώρες μέλη για να έχει μια πλήρη εικόνα για την αποτελεσματικότητα της πολιτικής που ασκεί, καθώς και για την συνδεσιμότητα της με τη Δημοκρατία…

Αυτή τη δημοσκόπηση θα την διεξάγει ο ίδιος ο λαός όμως, όταν υπολείπεται το πολιτικό σύστημα ή η επιστήμη.

Τότε μόνο μπορεί με ασφάλεια να απαντηθεί το ερώτημα «Ναι ή Όχι στο Ευρώ» και όχι μέσα από τους καναλοφωνούντες βολεμένους , που δεν δίνουν όχι ευρώ ούτε δραχμή για τον υπόλοιπο λαό που βασανίζεται…

Η ΙΣΤΟΡΙΚΟΤΗΤΑ ΤΗΣ ΕΠΙΛΟΓΗΣ ΤΟΥ ΟΧΙ

Είναι πλέον απόλυτα κατανοητό σε όλους, ότι διανύουμε ιστορικές εποχές, καθώς ελάχιστες φορές στην ιστορία του αυτός ο λαός, έχει κληθεί να αποφασίσει μόνος του για τη μοίρα του.

Η ιστορικότητα της επιλογής του ΟΧΙ, είναι εκείνη που αποδίδει ιστορικότητα αντίστοιχα και στο ΝΑΙ, καθώς η ευθύνη του Έλληνα απέναντι στις συνθήκες που βιώνει καθίσταται ιστορική.

Όταν ο φασισμός ασκείται έμμεσα από Δημοκρατικά πολιτεύματα, που επιστρατεύονται προκειμένου να καθοδηγήσουν πάλι το λαό στην ποδηγέτηση του από το κεφάλαιο είναι χειρότερος και από αυτόν των απολυταρχικών καθεστώτων , γιατί το δηλητήριο στο δίνει με το κουταλάκι του φαρμάκου το «μητρικό» χέρι , αυτό που εμπιστεύεσαι και όχι ο εχθρός.

Σε αυτές τις περιπτώσεις, όπου είναι διαβρωμένη η σκάλα επικοινωνίας του λαού με το πολίτευμα του και κινδυνεύει να πέσει στον αγώνα του για να το φτάσει, καταργείται η σκάλα. Τα χέρια του λαού αποκτούν διαστάσεις χεριών γίγαντα, το κατεβάζει από εκεί ψηλά που το έχει τοποθετήσει και επαναπροσδιορίζει την αξία του.

Σε μια αντίστοιχη στιγμή σήμερα, ο ελληνικός λαός καλείται να πράξει ανάλογα, αποκαθιστώντας τη σχέση του με την Δημοκρατία.

Επί σειρές ετών, ο ελληνικός λαός βρισκόταν βυθισμένος στην γλυκιά νάρκη του καταναλωτισμού και έτσι άφηνε τα περιθώρια να εκπορνεύουν την Δημοκρατία του οι έμποροι του συγκεκριμένου ναρκωτικού. Έτσι και στήθηκε η μεγαλύτερη βιομηχανία θανάτου όχι μόνο για τον ελληνικό λαό, αλλά και για όλους τους λαούς που ήταν επιρρεπείς στην συγκεκριμένη εξάρτηση, ξεπουλώντας τις περιουσίες τους για μια δόση «καταναλωτικής ηρωίνης», μέχρι που κάποια στιγμή ξύπνησε από τον λήθαργο και αναζητούσε ευθύνες, χωρίς να αναλογίζεται ότι η μεγαλύτερη ευθύνη ανήκει στον ίδιο.

Αυτή η ιστορική ευθύνη βαρύνει σήμερα τον ίδιο, προκειμένου να υπερασπιστεί την Δημοκρατία του, προκειμένου να υπερασπιστεί την Ιστορία του, κλείνοντας τα αυτιά στις σειρήνες που τον καλούν να αγωνιά για το αν θα μπορεί να βγάλει χρήματα από το ΑΤΜ για να αγοράσει τα εισαγόμενα προιόντα.

Και αν έχουν φθάσει σήμερα αρκετά εισαγόμενα προιόντα να καλύπτουν πάγιες πρώτες ανάγκες , είναι γιατί άφησε την οικονομία του στα χέρια κλεφτών που σακάτεψαν την εγχώρια παραγωγή και επιχειρηματικότητα, με απώτερο στόχο να ανοίξουν την πόρτα στο πολυεθνικό κεφάλαιο που σάρωσε τα πάντα.

Έτσι, οι εισαγωγές καταστάθηκαν περισσότερες από τις εξαγωγές και δημιουργήθηκε το έλλειμμα που είναι υπεύθυνο για την κρίση στην ελληνική οικονομία, γιατί το κέρδος δεν έμπαινε στις ελληνικές τσέπες και κατά συνέπεια δεν επαναεπενδυόταν στην ελληνική αγορά.

Ποτέ όμως δεν είναι αργά για την επανεκκίνηση της ελληνικής οικονομίας , για το restart, ακόμη και από μηδενική βάση και αυτό γιατί διαθέτει όλα τα απαραίτητα παραγωγικά και εμπορικά μέσα για να δηλώσει αυτάρκεια, ακόμη και στα χειρότερα σενάρια υιοθέτησης εθνικού νομίσματος. Αρκεί να υπάρχει η βούληση, για την αποκατάσταση των συνθηκών δημοκρατίας, που θα διέπουν τις όποιες αγορές κινείται.

Γιατί η Δημοκρατία δεν πατάει σε νομίσματα, αλλά σε ιδεολογίες διευθέτησης της ίσης μεταχείρισης.

Το συνδημοκρατικό λοιπόν θα είναι, ο λαός να λειτουργήσει με ψυχραιμία, να σταθμίσει τα επιχειρήματα για να αποδώσει και τις αντίστοιχες ευθύνες και να ψηφίσει ΝΑΙ ή ΟΧΙ στην «ΑΛΛΗΛΕΓΓΥΗ ΜΕ ΑΝΤΑΛΛΑΓΜΑ ΤΑ ΔΗΜΟΚΡΑΤΙΚΑ ΤΟΥ ΔΙΚΑΙΩΜΑΤΑ», που του παρέχει η «μητέρα» Ευρώπη…

Έτσι θα δώσει μια ευκαιρία και στην Ευρώπη να τα ξαναβρεί με την Δημοκρατία, την οποία έχει καθυβρίσει και προσβάλλει βάναυσα , προκειμένου να αλλάξει ο κόσμος προς το καλύτερο και όχι προς το χειρότερο.

Σε όποια περίπτωση, εμείς το ραντεβού μας με την ιστορία δεν θα το χάσουμε, ακόμη και αν χρειαστεί να ξαναγυρίσουμε στο εθνικό μας νόμισμα, με αντίκρισμα τον εθνικό μας πλούτο, που πολλοί επιβουλεύονται…

Σχετικά δε με τους εκβιασμούς που ασκούνται τύπου capital control (έλεγχος τραπεζικών αναλήψεων) , προκειμένου να χτιστεί μια πλειοψηφία του ΝΑΙ, δεν είναι παρά μια κλασική τραπεζική διαδικασία που προβλέπεται πάντα σε περιπτώσεις κρίσεων ή bank run (υπεραναλήψεις χρημάτων ,τόσες πολλές και μεγάλες που δεν μπορεί το σύστημα να τις σηκώσει). Εδώ έχουμε την περίπτωση του bank run ,που ο κόσμος πανικοβλημένος σηκώνει τεράστιες ποσότητες χρημάτων , με αποτέλεσμα να κινδυνεύουν οι τράπεζες να στερέψουν από χρήμα και να μην μπορούν να εξυπηρετήσουν. Τότε το σύστημα κατεβάζει ασφάλειες για να αυτοπροστατευθεί και δεν έχει να κάνει ούτε με αλλαγή νομίσματος ,ούτε και με έξοδο από την ευρωζώνη.

Το "ΟΧΙ" όμως παραμένει το χρέος απέναντι στην ιστορία μας... και το "ΝΑΙ" το χρέος   απέναντι   στους   δανειστές/κατακτητές   μας...
Για αυτόν το λόγο πρεπει η ψήφος να είναι καθολική και αποφασιστική χωρίς τα διλλήματα του «ψευδοευρώ». Πρέπει να στέλνει μηνύματα αγωνιστικής ελευθερίας και Δημοκρατίας που είναι σε άσκηση, ενάντια στο φασισμό του «ο λαός δεν μπορεί να αποφασίσει για τον εαυτό του, παρά μόνο μέσα από τους εκλεγμένους του». Πρέπει να ξεπερνά το φόβο για το άγνωστο που αποδομούσε

ανέκαθεν την άσκηση της άμεσης Δημοκρατίας. Ο φόβος για το άγνωστο αποτελεί χαρακτηριστικό γνώρισμα μόνο όσων υποτάσσουν και όσων υποτάσσονται. Οι υπόλοιποι μπορούν να δημιουργούν ελεύθερα σε κάθε περιβάλλον, ακόμη και από τις στάχτες τους...

Η ΕΤΥΜΗΓΟΡΙΑ ΤΟΥ ΛΑΟΥ

Η συντριπτική πλειοψηφία της τάξης του 61,31%, στο δημοψήφισμα της 5ης Ιουλίου 2015, για το ΟΧΙ στην συμφωνία που θα καταδίκαζε τους Έλληνες σε μια ακόμη αιματηρή περίοδο μέτρων χωρίς αντίκρισμα σε κοινωνικές μεταρρυθμίσεις, ή στην απομείωση του χρέους, κατέδειξε την αδυναμία της δύναμης του ισχυρού απέναντι στην χρήση της Δημοκρατίας από το λαό.

Η ίδια η ανθρώπινη φύση έχει επινοήσει εργαλεία αυτοπροστασίας, όταν η κατάχρηση δύναμης απειλεί το ανθρώπινο είδος. Ένα από αυτά στην πολιτική και ίσως το ισχυρότερο, είναι η Δημοκρατία που αποκαθιστά την δικαιοσύνη, όταν αυτή παραβιάζεται, επιβάλλοντας ανακατανομή δυνάμεων από τον ισχυρότερο στον πιο αδύναμο, μέσω απλών μαθηματικών συσχετισμών, όπως την αριθμοποίηση του συναισθηματικής γνώμης ενός λαού που καταπιέζεται.

Έρχονται λοιπόν οι «αριθμοί» να αντιμετωπίσουν τους αριθμούς που παράγει ένα σύστημα με άγνωστης προέλευσης ιδεολογία.

Ποιος νομίζετε ότι θα νικήσει;

Ο «προσωποποιημένος» αριθμός ή ο «απρόσωπος» ;

Ο προσωποποιημένος αριθμός είναι εκείνος που συμβόλιζε πάντα τις επαναστάσεις στην ιστορία και αυτό γιατί αριθμούσε τις προσωποιημένες θυσίες, ενώ ο απρόσωπος αριθμός αριθμεί το μηδέν πίσω από ένα σύστημα που δεν θα μπορούσε να κάνει θυσίες ούτε για τον εαυτό του.

Εκείνο που έφερε αυτό το αποτέλεσμα στο δημοψήφισμα της 5ης Ιουλίου δεν ήταν ουσιαστικά το «ΟΧΙ», αλλά η ιδεολογία που κρύβεται πίσω από αυτό.

Ήταν το ιδεολογικό χάσμα μεταξύ του «ΟΧΙ» και του «ΝΑΙ» που καταγράφηκε στο πόρισμα του δημοψηφίσματος, μέσω της διαφοράς των ποσοστιαίων μονάδων.

Αυτό είναι που προκαλεί και την συμφόρηση στο διαπραγματευτικό σύστημα, καθώς το παιχνίδι πλέον δεν παίζεται με βάση την τύχη που ελέγχουν συνήθως οι ισχυροί, αλλά το δικαίωμα να αρθρώνεις άποψη για το αν θα σταματήσεις ή θα συνεχίσεις στα χαρτιά που σου μοίρασε ο στημένος γκρουπιέρης στο Μπλακ Τζακ.

Από την ημέρα διεξαγωγής των εθνικών εκλογών στις 25 Ιανουαρίου 2015, ξεκίνησε μια μαραθώνια περίοδος διαβουλεύσεων, που στόχο είχε είτε να αφομοιώσει την καινούργια ελληνική κυβέρνηση, όπως είχε αφομοιώσει και τις προηγούμενες, είτε να την ρίξει, προκειμένου να συνεχίσει ακάθεκτος ο νεοφιλελευθερισμός το καταστροφικό του έργο και στην Ευρώπη.

Έχοντας απλώσει γερές ρίζες στα κοινοβούλια των περισσότερων ευρωπαικών χωρών, επιχειρεί να παγιώσει την επιχειρηματική τακτική του πολυεθνικού κεφαλαίου, να λεηλατεί τις χώρες μέλη που αποτελούν αιχμάλωτο εμπορικό κοινό (captive audience), να καταστρέφει τους παραγωγικούς και εμπορικούς τομείς τους, να αντικαθιστά τα εγχώρια προιόντα με εισαγώγιμα, επιτυγχάνοντας δύο στόχους 1) να μεγαλώνει τα ελλείμματα εφόσον οι εισαγωγές ξεπερνούσαν τις εξαγωγές φθάνοντας ακόμη και να καλύπτουν αγαθά πάγιων αναγκών, 2) να καθιστά τον δανεισμό των χωρών μελών αυτών αναπόφευκτη διέξοδο και εξάρτηση.

Ο δανεισμός με τη σειρά του οδηγούσε στην μεγαλύτερη κατάκτηση, που αποτελεί η αγορά κυριαρχικής δύναμης επάνω στα έθνη και τις περιουσίες τους, προκειμένου ο έλεγχος να μην χρειάζεται πρακτικά πόλεμο για να ασκείται, αλλά να πραγματοποιείται σε συνθήκες ειρήνης.

Αυτή είναι και η μεγάλη καινοτομία του νεοφιλελευθερισμού που αλλάζει πολιτικές πεποιθήσεις σαν τον χαμαιλέοντα, κάθε φορά που ο λαός μετακινείται εκλογικά για να απαλλαγεί από αυτόν.

Αυτό το παιχνίδι παίζεται και αυτή τη στιγμή, με τη μόνη διαφορά ότι δεν βρίσκει υπάκουους ή εξαγοράσιμους στρατιώτες, όπως στο παρελθόν στην Ελλάδα.

Η ελληνική κυβέρνηση εξαντλώντας τα περιθώρια διαπραγματεύσεων, που παρέπεμπαν σε προτάσεις από μεταρρυθμίσεις, που θα απηχούσαν όμως και στο κοινωνικό σύνολο, έφθασε στο σημείο να ζητήσει την απαίτηση του λαού, καθώς καμιά διάθεση δεν υπήρχε από την αρχή όπως διαφάνηκε, στη λογική των εταίρων να λύσουν το ελληνικό πρόβλημα.

Γιατί εάν υπήρχε, η απόλυτη τεχνοκρατική λύση ήταν πολύ απλή, να καταρτίσει ένα πακέτο μέτρων που θα βοηθούσαν τους ελληνικούς τομείς παραγωγής και εμπορίας να ανασυσταθούν, έτσι ώστε να περιορισθούν οι εισαγωγές και να αποδώσει η ελληνική επιχείρηση στο ΑΕΠ και το ΑΕΠ με τη σειρά του στην αύξηση των δημοσίων εσόδων και τα δημόσια έσοδα με τη σειρά τους στην αποπληρωμή των χρεών, ακόμη ακόμη και των παράνομων χρεών...

Είναι απόλυτα μύθος λοιπόν, να θεωρούμε ότι προτάθηκαν πραγματικές τεχνοκρατικές λύσεις για την ανασύνταξη της ελληνικής οικονομίας, από την πλευρά των εταίρων.

Ούτε ο τεχνοκρατισμός, ούτε το ιδεολογικό σύνταγμα επικράτησε, με βάση το οποίο όλοι οι λαοί που απαρτίζουν τη Ευρώπη κρίνονται ίσοι.

Επικράτησε η πονηριά του δυνατού να ασκήσει χειριστικά μέσα, προκειμένου να κλείσει μια συμφωνία που θα διευκολύνει τις δουλειές του, για αυτό και την μια άφηνε και την άλλη τράβαγε το χαλάκι, ενώ καιγόταν να κλείσει αυτή τη συμφωνία με όποιους όρους στην ουσία, προκειμένου να μην σπάσει το τραστ των δυνάμεων που αντιπολιτεύεται άλλες ισχυρές συμμαχίες στον πλανήτη.

Σε όλα υπάρχουν απαντήσεις όμως. Και αυτή τη φορά η απάντηση δόθηκε από το λαό. Και όσο και να εκνευρίζει και να στριμώχνει πρόσωπα και καταστάσεις θα επιβάλλει την ισορροπία, γιατί πίσω ακολουθούν κι άλλοι λαοί που ακόμη δεν έχουμε δει την επιρροή που είχε πάνω τους η αντίδραση του ελληνικού λαού. Αυτή η επιρροή δεν εξαρτάται από την όποια αντιμετώπιση θα έχει από τους εταίρους, αλλά καθαρά από το ανάστημα που τόλμησε να σηκώσει ένας λαός, ουσιαστικά υπόδουλος και με τα λιγότερα εφόδια, να αναποδογυρίσει το τραπέζι.

Γιατί αυτό συνέβηκε. Ο ελληνικός λαός αναποδογύρισε το τραπέζι των διαπραγματεύσεων, το στημένο τραπέζι του Μπλακ Τζακ.

Και ειδικά μετά την μαύρη τρομοκρατία που ασκήθηκε, που όμοια της δεν υπάρχει στην ιστορία των σύγχρονων λαών. Οι αναλύσεις αυτές περνούν και στις συνειδήσεις των υπόλοιπων λαών της Ευρώπης και το ρεύμα μεγαλώνει και βράζει το θυμικό.

Οι προβλέψεις από το ίδιο το σύστημα, είναι ότι αν δεν είχε ασκηθεί τρομοκρατία, το ποσοστό του ΟΧΙ στο ιστορικό δημοψήφισμα της 5ης Ιουλίου, θα είχε χτυπήσει το ταβάνι της Δημοκρατίας.

Οι ίδιες προβλέψεις θα πρέπει να συμπεριλάβουν στις αναλύσεις τους, ότι ένα μεγάλο ποσοστό του ΟΧΙ προέρχεται από την δεξαμενή των ψηφοφόρων του νεοεμφανιζόμενου ακραίου εθνικιστικού κόμματος της Χρυσής Αυγής, που κατέλαβε την τρίτη θέση στις εθνικές εκλογές.

Και εάν το σύστημα καταστήσει και αυτή την κυβέρνηση ανίκανη να κυβερνήσει τελικά, θα ξαναγεννηθούν οι μνήμες άλογης οργής και θα πνίξουν με αίμα πια, την όποια αδικία δεν καταστέλλεται με την ειρήνη…

Για αυτό λοιπόν Ο ΑΠΟΛΥΤΟΣ ΣΕΒΑΣΜΟΣ ΣΤΟ ΔΗΜΟΨΗΦΙΣΜΑ ΚΥΡΙΟΙ/ΕΣ, καθώς αποτελεί bonus για την επαναφορά της Δημοκρατίας στην Ευρώπη…

Διαφορετικά τα μαυρισμένα πρόσωπα και οι μαυρισμένες κραυγές δεν θα έχουν τελειωμό στο ευρωπαικό πολιτικό στερέωμα και να δεις τότε πως κόβονται και καταπίνονται οι νεοφιλελευθερισμοί, αυτά τα ιδεολογήματα που γέννησε βιαζόμενη η Δημοκρατία…

ΑΡΘΡΟ 36⁰ – ΠΡΩΤΗ ΔΗΜΟΣΙΕΥΣΗ 14/7/2015

ΔΙΑΛΕΞΕ ΛΟΙΠΟΝ ΛΑΕ ΤΗΝ ΕΠΑΝΑΣΤΑΣΗ ΣΟΥ...

Οι εξελίξεις προδιαγράφουν το μέλλον μιας συμφωνίας, που δύσκολα θα βρει αντίκρισμα στην ανάπτυξη της Ελληνική οικονομίας.

Η Ευρώπη μόλις επέβαλλε ένα πρόγραμμα στην Ελλάδα, το οποίο αποτελεί ένα εκρηκτικό κοκτέιλ λιτότητας με ύφεση. Το ισοδύναμο της Χιροσίμα απαιτείται να εφαρμοσθεί με απόλυτη ακρίβεια, προκειμένου να ισοπεδώσει την όποια μορφή αντίστασης στην σύγχρονη αποικιοκρατία.

Κατόπιν θα ακολουθήσει η «αλληλεγγύη του επαίτη», καθώς σε αυτή συνίσταται η αλληλεγγύη με ανταλλάγματα την ιδεολογική συνείδηση.

Ο πρωθυπουργός έχοντας πάρει τρεις νωπές εντολές, μια από τις εκλογές, τη δεύτερη από το δημοψήφισμα και την τρίτη από την κοινοβουλευτική πλειοψηφία, εξουσιοδοτήθηκε να κλείσει μια συμφωνία με ετερόκλητες συμβατότητες.

Αντιμετώπιση των αδικιών σε μισθούς και συντάξεις, ανασύσταση της ελληνικής οικονομίας, αιμοδότηση των ελληνικών επιχειρήσεων, επαναπροσδιορισμό των παραγωγικών δυνάμεων της χώρας, απεγκλωβισμό των αδυνάμων τάξεων που εγκλωβίστηκαν στον χρονοχώρο του ευρώ, ανάταξη της εθνικής υπερηφάνειας.

Την ίδια στιγμή παράλληλες εντολές ήταν : παραμονή στο ευρώ με κάθε κόστος, παραμονή στην ευρωζώνη που κάθε φορά αλλάζει το παιχνίδι και όχι τις προθέσεις, απέναντι σε όποια ιδεολογική διαφορά την χωρίζει με τα όμορα μέλη, με όποιο κόστος πάλι, υποταγή στην «τεχνοκρατική υπεροχή» της Γερμανίας, που κινδυνεύουμε πάλι να σφυρίξει την έναρξη ενός τρίτου παγκόσμιου.

Η συμφωνία λοιπόν όπως ήταν λογικό, κλείσθηκε στη βάση μιας ελλειμματικής ιδεολογικά εντολής, που στερούνταν τον σαφή προσανατολισμό στην περίπτωση αποτυχίας των διαπραγματεύσεων, στα πλαίσια των νεοφιλελεύθερων ευρωζωνικών απαιτήσεων.

Όσο μάγος και να ήταν ο Πρωθυπουργός, σίγουρα δεν θα μπορούσε μετά από συναπτές αντιστασιακές προτάξεις των συμφερόντων του ελληνικού λαού και κατά εξακολούθηση συγκρούσεις, να επιτύχει το ανέφικτο, που συνίσταται στην δικαίωση των δημοκρατικών δικαιωμάτων αυτού του λαού, όταν αυτά δεν γίνονται αποδεκτά μες στον θεσμό τον οποίο έχει φυλακισθεί και η όποια έξοδος δεν θα ήταν αναίμακτη.

Ποιο ήταν το λάθος λοιπόν;

Το λάθος αγαπητοί μου ήταν στον βαθμό της συνειδητότητας, αυτού του λαού, ότι οι αντιστρόφως ανάλογες επιθυμίες δεν ευοδώνονται και απαιτούν διεκδικήσεις και οι διεκδικήσεις απαιτούν επαναστάσεις, που ενίοτε αν όχι πάντα είναι αιματηρές.

Βελούδινες ρήξεις δεν υπάρχουν, ούτε εν έτη 2015. Ιστορικά οι επαναστάσεις έχουν κόκκινο χρώμα.

Η μόνη διαφορά είναι αν το αίμα που θα χυθεί, θα είναι το αίμα έξω από τα ATM των τραπεζών, ή το αίμα στο όνομα της μελλοντικής ιστορίας και των μελλοντικών γενεών αυτού του έθνους.

Διάλεξε λοιπόν λαέ την επανάσταση σου, εσύ ο ίδιος...

Κατόπιν δώσε ξεκάθαρα το μήνυμα στον πρωθυπουργό σου, που θα προσπαθήσει να υλοποιήσει αυτή τη συμφωνία με τους ευνοικότερους όρους για σένα, όσο αυτό είναι δυνατό.

Οι κουβέντες περί διχασμού δεν εξυπηρετούν σε τίποτα. Έφτασε η ώρα που πρέπει να ωριμάσουμε και να αντιμετωπίσουμε, εφόσον ξαναβρούμε το βηματισμό μας , το διχασμό μέσα στο ίδιο το κεφάλι μας, ανάμεσα στους δύο μας εαυτούς, που δεν μπορούν να συμφιλιωθούν.

Σε όλα αυτά δεν παίζουν κανέναν απολύτως ρόλο, ούτε οι αριστερές πλατφόρμες του Σύριζα με τις ακραίες θέσεις τους, ούτε οι ευρωπαικές κορώνες, πια..

Ρόλο παίζει η ανακατάταξη των θέλω στο μυαλό σου. Ήρθε η ώρα να προτεραιοποιήσεις τα θέλω σου.

-Θέλω την θεραπεία του οικονομικού και κοινωνικού μου οργανισμού, θέλω να ζήσω
-Θέλω να ζήσω μέσα στην Ευρώπη
-Θέλω να δοκιμάσω να συγκρουσθώ με την Ευρώπη, που είναι οικογένεια μου, εάν δεν με συντρέξει
-Θέλω να μπορώ να φύγω από την Ευρώπη αν δεν μπορεί να σταθεί στο ύψος της πραγματικής μου οικογένειας

Η επιλογή στις παραπάνω απαντήσεις μπορεί να είναι συνδυαστική, σε καμία περίπτωση όμως δεν μπορεί να είναι «all of the above» - «όλα τα παραπάνω».

Οι ώρες είναι δύσκολες και οι αποφάσεις που θα κληθούμε να πάρουμε, αν δεν έχει αντίκρισμα αυτή η συμφωνία ιστορικές και πρέπει να είμαστε έτοιμοι.

Το «OXI» μας πρέπει να τιμηθεί και με αντίστοιχες δεσμεύσεις. Και δέσμευση δεν μπορεί να αποτελεί να διοχετεύσουμε την δύναμη μας σε πολιτικούς μηχανισμούς που θα απειλούν την Δημοκρατία μας.

Δέσμευση αποτελεί να είμαστε συνεργάτες της Δημοκρατίας, αλλά και συνέταιροι στα κέρδη ή τις ζημίες...

ΑΡΘΡΟ 37⁰ – ΠΡΩΤΗ ΔΗΜΟΣΙΕΥΣΗ 23/7/2015

Ο ΠΟΛΙΤΙΚΟΣ ΑΜΟΡΑΛΙΣΜΟΣ ΣΤΗ ΣΥΓΧΡΟΝΗ ΕΛΛΑΔΑ

Το μεθοδευμένο σχέδιο για την ανατροπή της ισχύουσας κυβέρνησης, έχει χρονική αφετηρία την επόμενη των εθνικών εκλογών του 2015.

Ο ιθύνοντας νους προερχόμενος από το εξωτερικό, οι εκτελεστικοί παράγοντες από το εσωτερικό.

Η αιτία, η επαναστατική δυναμική που ανέπτυσσε στην εφαρμογή ανάπτυξης κοινωνικών και οικονομικών μεταρρυθμίσεων, που θα δημιουργούσαν προοπτική επιβίωσης και αυτοδύναμης εξέλιξης στην σύγχρονη Ελλάδα.

Και ενώ κανείς θα περίμενε σε μια καθημαγμένη χώρα, που έχει απολέσει το μεγαλύτερο μέρος της οικονομικής της δραστηριότητας, μόλις τα τελευταία πέντε χρόνια και κινδυνεύει να χάσει και την εθνική και κοινωνική της κυριαρχία, ο παραπάνω στόχος να είναι εθνικά και πολιτικά ενιαίος, τουναντίον συνέβηκε το ακριβώς αντίθετο.

Η χώρα διαπραγματευόταν με διαιρεμένες δυνάμεις, καθώς τα περισσότερα κόμματα της αντιπολίτευσης εκπροσωπούσαν ουσιαστικά την πλευρά των δανειστών, που εποφθαλμιούσαν να την εξαρτήσουν από ένα παράνομο χρέος, που θα λειτουργούσε ως διελκυστίνδα στην όποια της ανάπτυξη.

Αυτά έρχονται, ως αυταπόδεικτες αλήθειες, ενός μη διαχειρίσιμου χρέους, που βύθισε τη χώρα σε οικονομικό και κοινωνικό πένθος την τελευταία πενταετία.

Η υιοθέτησης της πολιτικής άποψης, ότι το χρέος είναι διαχειρίσιμο και τα μνημόνια βιώσιμα, συνιστά αυτόματα και την κατοχύρωση της αντίθετης θέσης στο διαπραγματευτικό τραπέζι.

Η υιοθέτηση της πολιτικής άποψης, ότι δεν πρέπει να διερευνηθεί όποια άλλη εναλλακτική, πάλι συνιστά αυτόματα την κατοχύρωση της αντίθετης θέσης στο διαπραγματευτικό τραπέζι.

Οι πολιτικοί στόχοι καθώς και οι στρατηγικές που θα υιοθετούνταν, θα έπρεπε να είναι ενιαίες όμως, για να υπάρχει μετρήσιμο αποτέλεσμα στις διαπραγματεύσεις, το οποίο τελικά δεν υπήρχε.

Και προς επίρρωση των παραπάνω, έρχεται το τράβηγμα στο δίχτυ ασφαλείας των τραπεζών, που εισήγαγαν τα capital controls ως συνέπεια ενός μεθοδευμένου bank run από το εσωτερικό (είπαμε οι πόλεις κυριεύονται εκ των έσω , το ίδιο και οι λαοί).

Αυτό προκάλεσε   αλυσιδωτές αντιδράσεις στην κοινωνική οικονομία, ενώ κάμφθηκε και το ηθικό των πολιτών, καθώς ο στόχος ήταν η επένδυση στον τρόμο και τελικά η συνθηκολόγηση.

Καθόλου δεν υπολείπεται από ένα μαφιόζικο χτύπημα.

Ο αρχινονός που ελέγχει της οικονομία μιας περιοχής και θανατοκερδεί εις βάρος της, στέλνοντας τα ντόπια βαποράκια να την εθίσουν στην πρέζα της κατανάλωσης και του δανεισμού, θυμώνει όταν βλέπει να εισχωρούν στην πιάτσα του ανατρεπτικά στοιχεία που θα του στερήσουν τα κέρδη του.

Στην αρχή γαζώνει τις αντιδράσεις των ανατρεπτικών στοιχείων, με τραπεζικές βολές και όταν τους βλέπει και πάλι να σηκώνονται στα πόδια τους φορώντας αλεξίσφαιρη ιδεολογία, απαγάγει τον δικό τους άνθρωπο και τους εγκαλεί να υποχωρήσουν, καθώς οι δολοφονικές του διαθέσεις στόχο έχουν να αφήσουν τον δικό τους άνθρωπο στον τόπο.

Έτσι έρχεται η συνθηκολόγηση…

Αν τα πολιτικά μέτωπα ήταν σαφώς ενωμένα και δεν ειδοποιούσε κανείς τον αρχινονό για την διεύθυνση του ανατροπέα, ίσως να είχε επιτευχθεί η πολυπόθητη ανατροπή.

Δυστυχώς, τον προδότη πάντα πρέπει να τον ψάχνει κανείς μες στο σπίτι του…

ΤΟ ΠΑΡΑΛΛΗΛΟ ΝΟΜΙΣΜΑ ΚΑΙ ΤΟ ΨΕΥΤΟΔΙΛΛΗΜΑ ΤΟΥ ΕΥΡΩ

Για να δούμε λοιπόν τι ακριβώς είναι το παράλληλο νόμισμα;

Αν η Ελλάδα υιοθετούσε ένα παράλληλο νόμισμα το geuro, μη φεύγοντας από τη Ευρωπαϊκή Ένωση, που θα εξέδιδε το Δημόσιο για να καλύψει τις υποχρεώσεις της χώρας σε συνθήκες χρηματοδοτικής αδυναμίας, θα μετατρεπόταν σε de facto νέο νόμισμα για τις εγχώριες συναλλαγές.

Θα μπορούσε να χρησιμοποιηθεί ως μέσο συναλλαγών για ορισμένους σκοπούς (όχι όμως ως μέσο αποθήκευσης αξίας ή λογιστική μονάδα). Η ελληνική κυβέρνηση θα μπορούσε να χρησιμοποιήσει αυτό τα χρηματοδοτικό εργαλείο για να πληρώσει μισθούς και συντάξεις, οι πολίτες για να αγοράσουν προϊόντα, οι τράπεζες για να ανακεφαλαιοποιηθούν. Με το παράλληλο νόμισμα εδραιωμένο, η Αθήνα θα μπορούσε να κηρύξει στάση πληρωμών στο δημόσιο χρέος, χωρίς να αναγκαστεί να φύγει από την Ευρωπαϊκή Ένωση.

Το νέο νόμισμα θα έχανε ένα μέρος της σημερινής του αξίας σε σχέση με το ευρώ και οι μισθοί και οι συντάξεις θα είχαν συνεπώς μικρότερη αξία. Με την τακτική αυτή όμως θα ενισχύονταν σημαντικά οι εξαγωγές, ενώ η ανάπτυξη της οικονομίας θα επέτρεπε την ανάκαμψη του geuro, που στο θετικό σενάριο θα έφτανε σύντομα σε αξία το ευρώ, και τότε το πείραμα θα είχε πετύχει.

Η κρατικοποίηση των τραπεζών, καθώς και η αδυναμία εισαγωγής προιόντων θα οδηγούσε αναγκαστικά στην ανάπτυξη νέων τομέων στην ελληνική οικονομία υποστηριζόμενων από το κράτος, που θα δημιουργούσαν σημαντικές προυποθέσεις για την εξασφάλιση της αυτάρκειας στην κατανάλωση της εγχώριας αγοράς.

Αυτό ισχύει για τρόφιμα, καύσιμα αλλά και φάρμακα και άλλα προιόντα, που θα περνούσε πια η εκμετάλλευσή τους σε ελληνικά χέρια.

Η ελληνική γεωργία, κτηνοτροφία, αλιεία, που είναι ακόμη ζωντανές θα αποκτούσαν λόγο ύπαρξης και για την εγχώρια , αλλά και για την ξένη αγορά, ενισχύοντας τις εξαγωγές.

Κατά αυτόν τον τρόπο θα άνοιγε και η αγορά εργασίας, καθώς νέες θέσεις εργασίας θα δημιουργόνταν σε έναν πιο ενισχυμένο πια ιδιωτικό τομέα.

Η διαφορά με το ευρώ και τα σημερινά μέτρα, είναι ότι οι μισθοί και οι συντάξεις θα μειώνονταν μία φορά για να αυξηθούν κανονικά μετά, αντί να μειώνονταν σταδιακά μέχρι να επέλθει το τέλμα, η καταστροφή, που φέρνει μια ελεγχόμενη πτώχευση , που όμως δεν μπορεί να αποφύγει την πτώχευση στο τέλος, ενώ το κόστος ζωής θα μειωνόταν και αυτό αντί να ανεβαίνει όπως συμβαίνει σε συνθήκες ελεγχόμενης πτώχευσης , καθώς θα αποτελούσε ελαστικό και όχι ανελαστικό πάγιο έξοδο.

Μια τέτοια μεταβατική περίοδος, θα άνοιγε το δρόμο για περισσότερε επιλογές με το πέρας του χρόνου, που συνίστανται είτε στην επαναφορά του ευρώ αλλά με ισχυρές αξιώσεις, είτε στην υιοθέτηση ενός ισχυρού εθνικού νομίσματος με αντίκρισμα τον εθνικό πλούτο της χώρας και την αναδυόμενη οικονομία της

Το ψευτοδίλημμα του ευρώ θα έπαυε να υφίσταται και η χώρα, θα ανέβαινε την οικονομική και κοινωνική ανιούσα, χωρίς να διακινδυνεύει ούτε την κυριαρχία της, ούτε την εθνική της περιουσία, την οποία θα χρησιμοποιούσε προς ίδια εκμετάλλευση.

Τόλμη και επιμελή εθνικό σχεδιασμό θέλει αγαπητοί φίλοι και κυρίως λαϊκή βούληση, που θα επιτρέψουν την ανάσταση της οικονομίας μας και όχι τον αργό θάνατο.

Η ΕΥΡΩΠΗ ΕΝ ΟΨΕΙ ΤΡΙΩΝ ΕΚΛΟΓΙΚΩΝ ΑΝΑΜΕΤΡΗΣΕΩΝ

Και βέβαια δεν μπορεί να διασωθεί ο θεσμός της Ευρωπαικής Ένωσης ούτε με την Πορτογαλία , ούτε με την Ιρλανδία, μετά τα καταστροφικά αποτελέσματα της «αναπτυξιακής λιτότητας» στην Ελλάδα.

Με δημόσιο χρέος να ξεπερνά το 130% του ΑΕΠ της, η Πορτογαλία ελέγχεται καθοριστικά από τους ξένους επενδυτές, ενώ τα μνημόνια ουδόλως έχουν αποδώσει. Οι πολίτες ασφυκτιούν κάτω από τον ζυγό της επικυρίαρχης Γερμανίας, που υλοποιεί την ίδια πολιτική αφαίμαξης που επιχείρησε και στην Ελλάδα.

Και ίσως τελικά, η πραγματική κρίση της Ευρώπης να μην βρίσκεται στα ανατολικά της Ευρωζώνης, αλλά στα δυτικά, καθώς η Πορτογαλία είναι μια ωρολογιακή βόμβα έτοιμη να εκραγεί ανά πάσα ώρα και στιγμή.

Το χρέος της χώρας καθίσταται μη βιώσιμο, όπως ακριβώς και στην Ελλάδα, ανεξάρτητα εάν ολοκλήρωσε το δανειοδοτικό της πρόγραμμα, ούσα συνεπής με τους στόχους του Διεθνούς Νομισματικού Ταμείου (ΔΝΤ) και της Ευρωπαϊκής Κεντρικής Τράπεζας (ΕΚΤ).

Ο ρυθμός ανάπτυξης που έφθασε το 0,4%, ενισχύοντας το ετήσιο ΑΕΠ κατά 1,5%, είναι σταγόνα στον ωκεανό, εμπρός στις τεράστιες υποχρεώσεις της που θα βαρύνουν συνολικά το μέλλον της.

Οι εθνικές εκλογές που είναι δρομολογημένες στα τέλη Σεπτέμβρη –αρχές Οκτώβρη θα αναδείξουν ότι τα πραγματικά προβλήματα της χώρας όχι μόνο δεν ξεπεράστηκαν, αλλά επιδεινώθηκαν κιόλας.

Την κατάσταση πυροδοτεί ακόμη περισσότερη η διάσωση της δεύτερης μεγαλύτερης τράπεζας της Πορτογαλίας , που επιτεύχθηκε εις βάρος φορολογούμενων, καταθετών και ομολογιούχων, κατόπιν συμφωνίας με την Τρόικα, καθώς άρχισαν να γίνονται πιο κατανοητές στους πολίτες οι προθέσεις της Τρόικας.

Η υπόθεση της Πορτογαλίας, αποδεικνύει την συνέχεια που θα έχει και η Ελλάδα, ακολουθώντας την ίδια συνταγή φαρμάκου στις παθογένειες της. Φάρμακο με μικροβιοκτόνα δράση, που σκοτώνει όμως και τα υγιή κύτταρα. Κάτι σαν τα φάρμακα κατά του καρκίνου δηλαδή, που στο τέλος οι ασθενείς πεθαίνουν από την καταστροφή των υγιών τους οργάνων, ενώ η κατάσταση απαιτεί χειρουργική επέμβαση και αφαίρεση του καρκινικού όγκου που αποτελεί το χρέος.

Το εκλογικό τοπίο έχει αρχίσει πια να φαίνεται καθαρά, με εκλογές σε Ελλάδα και Πορτογαλία το Σεπτέμβριο και Ισπανία τον Νοέμβρη.

Και οι τρεις χώρες κατακερματισμένες από μνημόνια λιτότητας και αναπτυξιακή ασφυξία, οδεύουν σε εκλογές, που στίγμα τους θα έχουν την αντίσταση στην

Ευρωπαική μισαλλοδοξία που στερεί από τις χώρες μέλη της Ευρωπαικής Ένωσης το δικαίωμα να ζουν ειρηνικά και ισότιμα, για αυτό και θα δρομολογήσουν κορυφαίες εξελίξεις για το μέλλον της Ευρώπης.

Η χρονική συγκυρία δεν αποτελεί παρά ένα τέχνασμα της ιστορίας, να βρεθεί μπροστά σε εξελίξεις, που παραγόμενες συγχρονισμένα μπορούν να δώσουν καλύτερο συνολικά απαντητικό αποτέλεσμα, σε ένα σύστημα που δεν κάμπτεται από την δύναμη του ενός.

Οι εκλογές δεν αποτελούν παρά ένα εργαλείο για να πει ο λαός της γνώμη του ξανά και ξανά αν χρειαστεί και ειδικά στις περιπτώσεις που πιστεύει πως έχει εξαπατηθεί.

Στην προκειμένη περίπτωση οι εκλογές αποτελούν την απάντηση στις αδιέξοδες πολιτικές, που λειτουργούν ίσα για να σου κρατούν το κεφάλι έξω από το νερό και όχι για να κολυμπήσεις.

Η επιβίωση χωρίς περιθώρια ανάπτυξης, δεν αποτελεί δημιουργική πολιτική συμμετοχικής δημοκρατίας, αλλά αργό θάνατο συνολικά της δημοκρατίας.

Είναι περίπου κάτι σαν το ευνουχισμό. Έχεις το δικαίωμα να ζεις εξαρτώμενος, καθώς δεν μπορείς να παράγεις ο ίδιος τη συνέχεια σου.

Και η δημοκρατία δεν στηρίζεται στην εξάρτηση, καθώς η εξάρτηση δημιουργεί προκατειλημμένη αντίληψη περί δικαίου, ακόμη και όσο αφορά τον ίδιο τον εαυτό σου.

Η πολιτική άποψη που καταγράφεται είναι αμφιλεγόμενη, καθώς παράγεται κάτω από καθεστώς ψυχαναγκαστικής βούλησης και οι αδικημένοι υπόκεινται σε μεγαλύτερες αδικίες, εωσότου το ένστικτο να πάρει τη θέση της άποψης.

Εκεί ξεκινούν οι ματωμένες, αλλά αποτελεσματικές επαναστάσεις με το ένστικτο. Όλες οι υπόλοιπες είναι μαιμού.

ΣΤΗΝ ΕΞΕΛΙΚΤΙΚΗ ΠΟΡΕΙΑ ΤΟΥ Γ΄ ΠΑΓΚΟΣΜΙΟΥ ΠΟΛΕΜΟΥ...

Η σχέση οφειλετών και πιστωτών είναι ασύμμετρη ως προς το όφελος των δεύτερων, όταν η συναλλαγή δεν υπακούει στην ηθική αρχή περί δικαίου, αλλά και στις βασικές προυποθέσεις της αγοράς μεταξύ εμπόρου και καταναλωτή, εφόσον δεν παύει το δάνειο να αποτελεί ένα αγοραστικό προιόν που αποφέρει κέρδη στους δεύτερους.

Δυστυχώς ζούμε σε ένα σύστημα, που έχει παραποιήσει μέχρις εσχάτων ακόμη και αυτή την ηθική της αγοράς, με στόχο τη συσσώρευση κερδών στους λίγους και την υποθήκευση της περιουσίας των πολλών.

Στην πορεία της ιστορίας, και κυρίως μετά τον Β΄ Παγκόσμιο πόλεμο, ο δανεισμός χρησιμοποιήθηκε εξελικτικά, ως μια νέα μορφή αποικιοκρατικής συμπεριφοράς, που αντικατέστησε τις γνωστές πολεμικές τακτικές με τις ερπύστριες και τα όπλα, στο δυτικό κόσμο.

Σε επίπεδο χωρών, οι χώρες σύναπταν οικονομικές υποτίθεται συμφωνίες δανεισμού με άλλες χώρες, που θα τους εξασφάλιζαν μεγαλύτερη οικονομική ευημερία, αποστερούμενες την εθνική τους ταυτότητα, στα πλαίσια των οφελών που θα έρχονταν από μια ευρύτερη κοινότητα. Η σχέση σφραγιζόταν με την απορρόφηση των προϊόντων του δανειστή από τον δανειζόμενο, κάτι σαν ενέχυρο δηλαδή στη συμφωνία. Στην προκειμένη περίπτωση ο πιστωτής δημιουργούσε σταθερό πελατειακό κοινό για την αγορά των προϊόντων του με τα χρήματα που εκείνος δάνειζε στον δανειζόμενο, με αποτέλεσμα να εξασφαλίζει την κατανάλωση της παραγωγής του.

Η υπερλειτουργία δηλαδή του δανεισμού δημιουργούσε τις συνθήκες , με τις οποίες, ο πιστωτής να εισπράττει και τους τόκους του δανείου του, αλλά και τα κέρδη από την κατανάλωση σε δικά του προιόντα, των χρημάτων που δάνεισε.

Το μεγαλύτερο κέρδος όμως, μέλλει να έρθει αργότερα, με την σχέση εξάρτησης που δημιουργεί στον δανειζόμενο , σχέση που δεν βασίζεται στην πιστότητα του δανειζόμενου που προκύπτει από την εξαιρετική ποιότητα των προιόντων που αγοράζει, αλλά στην δέσμευσή του να υπηρετεί ένα κλαμπ συγκεκριμένων οικονομικών συμφερόντων.

Αυτό το κλαμπ, όταν ο δανειζόμενος αδυνατεί να αποπληρώσει τις οικονομικές υποχρεώσεις του δανείου του, βαφτίζει τον πόλεμο οικονομική κρίση, και εφορμά να αποδυναμώσει κι άλλο τον δανειζόμενο απογυμνώνοντας τον και από τα περιουσιακά του στοιχεία, ως δήθεν κατοχύρωση της ζημίας που έχει υποστεί.

Στην πραγματικότητα βέβαια δεν υπάρχει ζημία , γιατί όπως εξήγησα και παραπάνω, ο πιστωτής έχει ήδη βγει ολιστικά κερδισμένος από την συμφωνία, απλά διασφαλίζει ότι δεν θα έχει αρκετούς πόρους για να αποτινάξει από πάνω του την συμφωνία ο δανειζόμενος και έτσι να αποδεσμευτεί από το κλαμπ.

Η μοιραία εμπειρία του ναζισμού στην Ευρώπη, αποτέλεσε μια πολύ καλή ευκαιρία για να δημιουργηθεί μια κοινότητα, η Ευρωπαϊκή, που θα ξεπερνούσε τον εθνικισμό, με αποκλειστικό σκοπό την πρόληψη δήθεν των πολέμων.

Η άνιση κατανομή του πλούτου και η χρεωκοπία τους συστήματος, που δημιουργούσε στην πραγματικότητα τους πολέμους, δεν θα έβγαινε πια στην επιφάνεια, γιατί κάποιοι επινόησαν το «αντίδοτο» στις «εθνικές αντιπαλότητες».

Έτσι δημιουργήθηκε η Ευρωπαϊκή ενοποίηση, που χτίστηκε καθαρά επάνω σε οικονομικά θεμέλια. Ο πολιτικός στόχος δηλαδή της πολιτικής ενοποίησης για να αποτραπούν οι πόλεμοι, δεν υπηρετήθηκε ποτέ και αυτό συνέβηκε γιατί δεν υπήρξε ποτέ αυτός ο στόχος.

Με αποτέλεσμα σήμερα να αναζητούμε έναν πραγματικό πόλεμο, που να τινάξει στον αέρα ένα σύστημα, που βάσισε τον ιμπεριαλισμό του στην ειρήνη…

Ο πανευρωπαϊσμός κατάντησε πανγερμανισμός και παναμερικανισμός και σε λίγο όλα τα κράτη μέλη θα αδυνατούν να βρουν την θέση τους στο χάρτη.

Και όλα αυτά γιατί προκειμένου να περιορίσουμε τον εθνικισμό, στόχο που εξυπηρετούσε οικονομικά συμφέροντα και μόνο, καταστήσαμε στις μέρες μας επικίνδυνη την ειρήνη .

Αγαπητοί μου, σήμερα ζούμε τον Γ΄ Παγκόσμιο πόλεμο, που επειδή είναι εν εξελίξει, δεν έχουν καταγραφεί ακόμη τα θύματα που έχει παράγει…

Γιατί όπως αποδείχθηκε τελικά, η ευρωπαϊκή ολοκλήρωση έκρυβε από πίσω της την ιμπεριαλιστική επέκταση της Γερμανίας και των χωρών από τις οποίες υποστηρίζεται μεγάλων ή μικρών, εντός ή εκτός Ευρώπης. Γιατί η ιστορία επαναλαμβάνεται.

Στην προπαγάνδα τους σε όλο το Β΄ Παγκόσμιο Πόλεμο, έκαναν τεράστιες προσπάθειες για να πείσουν την υπόλοιπη Ευρώπη ότι η γερμανική οικονομική πρόοδος, ήταν πολύ καλύτερη από ό, τι στην υπόλοιπη Ευρώπη και κατά συνέπεια, η Ευρώπη θα έπρεπε να υιοθετήσει το γερμανικό μοντέλο, ότι ακριβώς κάνουν και σήμερα δηλαδή. Ο ίδιος ο Χίτλερ προσπάθησε να υλοποιήσει το σχέδιο του για τη δημιουργία μιας ενιαίας πολιτικής κοινότητας στην Ευρώπη με την κατάληψη των ευρωπαϊκών χωρών.

Το σημερινό «ευρωπαϊκό ιδεώδες» δεν απέχει πολύ από το όραμα του Χίτλερ, αλλά ούτε και οι τρόποι υλοποίησης του…

Στην περίπτωση της Ελλάδας τα αεροπλάνα που ξεκίνησαν να ρίχνουν τις βόμβες για να τιθασέψουν τον λαό της, αποτέλεσαν οι τράπεζες που δεν είναι μέλη της

Ελληνικής κρατικής οντότητας, αλλά ενός συστήματος ξένου, «διεθνοποιημένου», «παγκοσμιοποιημένου», «εξευρωπαϊσμένου».

Και τα κατάφεραν να μας σύρουν στην συνθηκολόγηση, να καταπιούν την αριστερή αντίληψη, μέχρι να συνειδητοποιήσουν ότι η φτώχεια δεν έχει κομματική προέλευση, και το «ΟΧΙ» που βγήκε μέσα από τις δημοψηφισματικές κάλπες δεν αποτελεί παρά μια αντίδραση της Δημοκρατίας.

Γιατί ο λαός συνεχίζει να συγκρούεται στην χώρα που γέννησε τη Δημοκρατία...

Και ο πόλεμος συνεχίζεται. Γέμισαν την χώρα μας μετανάστες, παίζοντας με τις ανθρώπινες ζωές, τις δικές μας και τις δικές τους.

Γιατί ο Αμερικάνος δεν συγκρούεται με τους τζιχαντιστές. Συμφέρον του είναι να τους διατηρεί για να αγοράζει πετρέλαιο μισοτιμής με αντιπραγματισμό, να κλονίζει έτσι την αγορά πετρελαίου στην Λατινική Αμερική που τον ενδιαφέρει να ασκεί πολιτική επιρροή, και ταυτόχρονα να παίζει γεωπολιτικά παιχνίδια στην Ελλάδα. Με ένα σμπάρο πολλά τρυγόνια λοιπόν.

Έτσι διοχετεύει τα όπλα που παράγει ο Αμερικάνος, ο Άγγλος, ο Γερμανός, ο Γάλλος, στους τζιχαντιστές, που ασκούν ακόμη τον ιμπεριαλισμό με το ντουφέκι και τα άρματα μάχης.

Οι ερχόμενες εκλογές λοιπόν, θα έχουν ως αιχμή του δόρατος το μεταναστευτικό, αντί για την οικονομική κατάρρευση της χώρας . Πλήρης αποπροσανατολισμός της κοινής γνώμης από αυτό που καλείται να αποφασίσει στις κάλπες, από αυτό που ήδη έχουν αποφασίσει οι περισσότεροι Έλληνες μέσα τους... την έξοδο της χώρας από την Ευρωζώνη...

Αυτά είναι τα εγκλήματα ειρήνης στις μέρες μας...

ΑΡΘΡΟ 41° – ΠΡΩΤΗ ΔΗΜΟΣΙΕΥΣΗ 9/9/2015

ΕΙΝΑΙ ΑΥΤΕΣ ΟΙ ΕΚΛΟΓΕΣ ΝΤΕΡΜΠΥ;

Μα όχι φυσικά… Είναι πολύ προβλέψιμες για όλους οι εξελίξεις και ειδικά για τους δημοσκόπους. Απλά οι δεύτεροι εξαιτίας της αφομοίωσης τους από το σύστημα, που τους χρησιμοποιεί ως ένα ακόμη εργαλείο χειραγώγησης της κοινής γνώμης, δεν είναι όλοι ειλικρινείς.

Η κάλπη-εξπρές που θα στηθεί, θα επιδείξει αποτελέσματα, που έχουν από καιρούς δρομολογηθεί. Απλά δεν υπάρχουν τα κόμματα εκείνα, που μπορούν ιδανικά να εκπροσωπήσουν την κοινή γνώμη. Συνασπισμοί δυνάμεων υπάρχουν μόνο, με προσμίξεις από κόμματα που έχουν γίνει αποκόμματα, που προσπαθούν να προσεγγίσουν.

Η κοινή γνώμη έχει προσανατολισθεί πλειοψηφικά στην καταδίκη των μνημονιακών μέτρων, από την μία πλευρά και από την άλλη, είναι εγκλωβισμένη στις «ευρωσυνήθειες». Το αποτέλεσμα είναι, να έχουμε ένα μπερδεμένο εκλογικά κοινό που δεν βιώνει τα αντιφατικά του συναισθήματα ως πρόβλημα, αλλά ως ένα απλό εμπόδιο για την διαδικασία της απόφασης στην κάλπη.

Έχουμε ένα κοινό δηλαδή που επικοινωνεί για να αποφύγει να επικοινωνήσει, με αποτέλεσμα να καταστέλλει τα συναισθήματα που έχει μέσα του, αυτά που θα εξυπηρετήσουν την λογική απόφαση.

Η καταστολή των συναισθημάτων όμως εξυπηρετεί το άδικο, τα παιχνίδια εξουσίας και την βία.

Τα εκλογικά κόμματα αποτελώντας το παραμορφωμένο είδωλο του λαού στον καθρέπτη, παρουσιάζουν χειρότερες, μη αποσαφηνισμένες ιδεολογικές παρεκκλίσεις.

Και ΝΑΙ και ΟΧΙ στο μνημόνιο. Και ΝΑΙ και ΟΧΙ στην Ευρώπη.

Έτσι η γέφυρα ανάμεσα στην εθνικιστική αριστερά και στην εθνικιστική δεξιά, που αποτελούν τα δύο άκρα που δεν είχαν θιγεί από την ιδεολογική μετακίνηση στην πολιτική κλίμακα, να είναι ορατή, να τροφοδοτούν ο ένας το άλλον ψηφοφόρους που απεγνωσμένοι μετακινούνται μπρος πίσω.

Στις εκλογές του Ιανουαρίου 2015 η εθνικιστική δεξιά πριμοδότησε μια πρόσμιξη της αριστεράς που εκπροσωπούσε και την εθνικιστική κουλτούρα. Τώρα ήρθε η ώρα που η αριστερά θα πριμοδοτήσει την εθνικιστική δεξιά, που στην Ελλάδα εκφράζεται με τη Χρυσή Αυγή, με απογοητευμένους ψηφοφόρους, όσα αναχώματα και αν έχουν στηθεί από παράλληλα αριστερά κόμματα.

Ο κόσμος ένιωσε στις εκλογές του Ιανουαρίου ότι μπορούσε να επικοινωνήσει πολιτικά με την Ευρώπη, μέσω της εκλογικής επιλογής του, πράγμα που ένιωσε και άλλες πολλές φορές στο παρελθόν και εξάντλησε έτσι τα περισσότερα πολιτικά του εργαλεία.

Σήμερα νιώθει, ότι την υποτυπώδη κυριαρχία επάνω στο μέλλον του μπορεί να του τη δώσει η βία, σαν μια απελπισμένη προσπάθεια επικοινωνίας τη στιγμή που απογοητεύσεις και αδικίες έχουν συσσωρευτεί η μία πάνω στην άλλη. Είναι η προσπάθεια παλινόρθωσης της αυτοεκτίμησης μπροστά στον καθρέπτη της ταπείνωσης. Είναι μια πάλη ενάντια στη αντικανότητα.

Στην προκειμένη περίπτωση που ο θυμός δεν είναι επιτρεπτός , καθώς κι αυτός ακόμη καταστέλλεται, το «θύμα» θα εσωτερικεύσει το ρόλο του και δεν θα επαναστατήσει, θα προσανατολισθεί στη βία.

Είναι ορατός ο κίνδυνος λοιπόν, η Χρυσή Αυγή να αποκτήσει ποσοστά σε διπλό νούμερο, ίσως και να διπλασιάσει το ποσοστό της από τις προηγούμενες εκλογές. Τα σίγουρο είναι, πως θα αποτελέσει πάλι το ενισχυμένο τρίτο κόμμα. Και αυτό είναι καθαρά αποτέλεσμα της ιδιορρυθμίας που υπάρχει στο ευρύτερο πολιτικό σκηνικό, που έχει αναγκασθεί να υποταχθεί κυρίαρχα σε ξένα συμφέροντα.

Ο ΣΥΡΙΖΑ θα καταφέρει να τερματίσει πρώτο κόμμα με διαφορά ξεκάθαρη από την ΝΔ, καθώς η δεξαμενή των αναποφάσιστων αποτελείται από απογοητευμένους ψηφοφόρους, που θα δώσουν στο μεγαλύτερο ποσοστό τους άλλη μια ευκαιρία στο κυβερνόν κόμμα παρά την δυσαρέσκεια τους. Θα αλιεύσει από άλλα κόμματα, κυρίως το Ποτάμι, καθώς απόκτησε διττό προσανατολισμό και θα συγκυβερνήσει με καινούργιους σύμμαχους είτε με το ΠΑΣΟΚ είτε με το Ποτάμι είτε και με τους δυο αυτούς μαζί, καθώς η αυτοδυναμία είναι αδύνατη. Οι ΑΝΕΛ θα το παλέψουν για να μπουν στη βουλή, ενώ ο ΛΑΕ θα διαμορφώσει τη ρομαντική νότα ανάμεσα τους.

Οι υπόλοιποι αναποφάσιστοι που μπορεί κανείς και να τους κρίνει, ως μη θέλοντες να αποκαλύψουν την εκλογική τους πρόθεση, θα ψηφίσουν Χρυσή Αυγή. Η ψήφος που ελλοχεύει είναι επικίνδυνη, γιατί θα είναι ψήφος δημοκρατική και θα προέλθει κυρίως από την περιφέρεια που κείτεται σε παραδοσιακά δεξιό χώρο, που ψήφισε «πρώτη φορά αριστερά» και θα ψηφίσει «πρώτη φορά Χρυσή Αυγή»!

Είναι η λάθος εννοούμενη κανονικότητα που έχει επιβάλλει αυτές τις επιλογές, που όλοι απεύχονται και όλοι κάνουν πως δεν βλέπουν , κανείς όμως δε τη σταματά. Αυτή η κανονικότητα που απαξιώνει τον ίδιο τον άνθρωπο στο φυσικό του περιβάλλον. Κι έτσι οι αντιφασίστες θα ψηφίζουνε τον φασισμό και οι φασίστες θα ψηφίζουν τη Δημοκρατία...

Αυτό κατάφεραν οι ομαδούλες στην Ευρώπη που κυριαρχούν, να επιτύχουν, με εξαντλημένα τα χαρτιά του σοσιαλισμού και της αριστεράς, που στάθηκαν αδύναμοι να αντιμετωπίσουν τον καπιταλισμό σε όλες τις μετατρεπόμενες μορφές του, μέχρι να το διαλύσουνε το μαγαζί να ησυχάσουν.

ΑΡΘΡΟ 42° – ΠΡΩΤΗ ΔΗΜΟΣΙΕΥΣΗ 21/9/2015

ΕΚΛΟΓΕΣ ΚΑΙ ΔΗΜΟΣΚΟΠΙΚΑ ΣΚΑΝΔΑΛΑ

Εκλογές τέλος και τα αποτελέσματα προβλέψιμα, όπως ακριβώς είχα περιγράψει και σε προηγούμενο άρθρο μου.

Οι περισσότερες δημοσκοπικές εταιρίες απέτυχαν παταγωδώς να αποδώσουν την πραγματικότητα των εκλογικών αποτελεσμάτων και αυτό όχι διότι τα εργαλεία τους αποδείχθηκαν μη επαρκή , τα οποία είναι σαφώς πιο έξυπνα τεχνολογικά από το παρελθόν, αλλά διότι είναι αφομοιωμένες ολοκληρωτικά από ένα σύστημα οικονομικής εξουσίας που κυριαρχεί στη χώρα.

Αυτό είναι ένα φαινόμενο που καταγράφεται πλειστάκις τον τελευταίο καιρό, που η χώρα τείνει να απεγκλωβιστεί από τις παραδοσιακές πολιτικές λύσεις με τις οποίες τα μιντιακά συμφέροντα διαπλέκονται. Με αποτέλεσμα οι δημοσκοπήσεις να χρησιμοποιούνται καθαρά ως χειραγώγηση της κοινής γνώμης και οι ηγέτες να δημιουργούνται μέσω της πλύσης εγκεφάλου.

Επαναλαμβανόμενες τέτοιες προσπάθειες, στο τέλος γίνονται αντιληπτές από τον λαό που τις απορρίπτει συλλήβδην και καταθέτει την ετυμηγορία του. Τα σκάνδαλα όμως, δεν πρέπει να μένουν ατιμώρητα.

Οποιαδήποτε δράση λειτουργεί ως χειραγώγηση της κοινής γνώμης παραβιάζει βάναυσα τη Δημοκρατία και ως εκ τούτου θα πρέπει να αντιμετωπίζεται ανάλογα από την Δικαιοσύνη…

Οι εκλογές αυτές κατέγραψαν την εντολή ενός μεγάλου μέρους του Ελληνικού λαού να μείνει η χώρα στην Ευρώπη, αλλά να παλέψει σκληρά για τα κεκτημένα της. Ο απογοητευμένος ψηφοφόρος που έχει διαρρήξει τη σχέση του με τα ανακυκλούμενα πολιτικά κόμματα που διεκδικούσαν την εξουσία κατά το παρελθόν, αποφάσισε να δώσει άλλη μια ευκαιρία στον ΣΥΡΙΖΑ που βγήκε ενισχυμένος από την εκλογική διαδικασία, καθώς αποτελεί και το πιο νέο, αλλά και το τελευταίο δυνητικά κυβερνητικό απόθεμα. Όπως έχω γράψει και σε προηγούμενο άρθρο μου άντλησε επίσης ψηφοφόρους από το Ποτάμι, εφόσον απέκτησε σαφή Ευρωπαικό προσανατολισμό.

Οι ΑΝΕΛ κατάφεραν, παρά το ανηλεή πόλεμο που τους έγινε, να εισέλθουν στην Βουλή και μάλιστα με προοπτικές κυβερνητικής δραστηριοποίησης, γεγονός που σημαίνει ότι η Λαϊκή δεξιά πείθει για την αγωνιστικότητα της ένα μέρος του λαού.

Ο ΛΑΕ δεν κατάφερε να μπει στη βουλή, καθώς τα χρονικά περιθώρια κινητοποίησης του ήταν πολύ μικρά για να δραστηριοποιηθεί και να πείσει ένα μπερδεμένο κοινό που δεν έχει αποφασίσει ακόμη εάν θέλει να είναι μέσα ή έξω από την Ευρώπη, για τα οφέλη της εξόδου από την Ευρωπαϊκή Ένωση , αλλά και τον τρόπο με το οποίο πρακτικά και τεχνοκρατικά αυτά μπορούν να συμβούν.

Το ΠΑΣΟΚ κατάφερε να ανακάμψει σχετικά, αλλά για έναν και μόνο λόγο γιατί το ΚΙΔΗΣΟ αποφάσισε να μην κατέβει στις εκλογές και να ρισκάρει και οι δύο πασοκογενείς παρατάξεις να μείνουν εκτός βουλής. Έτσι ψηφοδότησε το ΠΑΣΟΚ για να έχει λόγο στην Βουλή. Κατά τα άλλα σηματοδοτεί το παλιό που έχει απορρίψει στην μεγαλύτερη του πλειοψηφία ο λαός.

Το ΚΚΕ ακολουθώντας τις ίδιες τακτικές, θεωρητικές ρητορικές χωρίς τεχνοκρατική βάση, δεν πήγε ούτε μπρος ούτε πίσω ιδιαίτερα, αποδεικνύοντας για μια ακόμη φορά ότι αποτελεί ένα κόμμα όχι που δεν δύναται, αλλά που δεν θέλει να κυβερνήσει. Η διοίκηση όμως, είναι απαραίτητη άσκηση της Δημοκρατίας σε ένα ευνομούμενο κράτος, καθώς δίκαιος δεν είναι αυτός που δεν του δόθηκε η ευκαιρία να αδικήσει και δεν αδίκησε , αλλά αυτός που του δόθηκε η ευκαιρία και δεν αδίκησε. Στις Δημοκρατίες όμως, ο μη λαμβάνων την ευθύνη, ουσιαστικά λειτουργεί υποστηρικτικά στον λαμβάνων την ευθύνη και αδικών...

Το ΠΟΤΑΜΙ απώλεσε αρκετούς ψηφοφόρους, καθώς αποτελεί ένα κόμμα που δημιουργήθηκε με συγκεκριμένους σκοπούς , σαν τις εταιρίες ειδικού σκοπού. Ένα κόμμα εταιρία λοιπόν, με συγκεκριμένους «οικονομικούς μετόχους», που άρχισαν σιγά σιγά να γίνονται ορατοί στο λαό. Και εφόσον ποτέ δεν έπεισε για κυβερνόν κόμμα, ξεφούσκωσε η δυναμική του.

Η ΕΝΩΣΗ ΚΕΝΤΡΩΩΝ στηρίχτηκε εναλλακτικά από το σύστημα, που προσπάθησε να δημιουργήσει όλο και περισσότερες εστίες στο πολιτικό σκηνικό, μικρές ή μεγάλες, απορρόφησε απογοητευμένους ρομαντικούς ψηφοφόρους και τελικά μπήκε στη βουλή για να ανακατεύει την τράπουλα, όταν χρειάζεται. Οι υποχρεώσεις είναι υποχρεώσεις όμως κύριε Λεβέντη, απέναντι στους οικονομικούς άρχοντες που σας στήριξαν.

Η ΝΔ , κορυφαίος εκπρόσωπος του παλιού, εισέπραξε την οργή του περισσότερου κόσμου, διότι έσυρε την χώρα στο διαπραγματευτικό τραπέζι με την Ευρώπη, ως πρόβατο για σφαγή, αλλά και γιατί υπονόμευσε τις εθνικές προσπάθειες για διεκδίκηση καλύτερων όρων στις συμφωνίες που τελικά δεν υπογράφηκαν. Θα μπορούσε να παίξει καταλυτικό ρόλο στην αποφυγή του τρίτου μνημονίου, αλλά εκείνο τον καιρό ήταν σε συνεννόηση με τον καθρέπτη της για το ποιος είναι πολιτικά ομορφότερος, καθώς και με τους προμηθευτές των ψευδαισθήσεων της, είτε οικονομικούς , είτε ευρωπαικούς. Για τους ίδιους ακριβώς λόγους, δεν θα μπορούσε να έχει τύχη ένας αρχηγός, που δεν προερχόταν από τα βαρονάτα που έπαιρναν σειρά για την επόμενη μέρα.

Η ΧΡΥΣΗ ΑΥΓΗ αποτελεί κερδισμένο κόμμα αυτών των εκλογών, καθώς αύξησε το ποσοστό της και εγκαταστάθηκε σταθερά πια στην τρίτη θέση σε τρεις συναπτές εκλογικές αναμετρήσεις. Και αυτό συνέβηκε διότι, κατέστησε το φασισμό να παραδίδει μαθήματα δημοκρατίας. Και αυτός είναι ο μεγαλύτερος βιασμός της πολιτικής μας κουλτούρας έως σήμερα, να εξωραίζεται δηλαδή η βία όταν τελειώνουν οι υπόλοιπες πολιτικές εφεδρείες.

Ο μεγαλύτερος κερδισμένος όμως αυτών των εκλογών, είναι η αποχή που έφθασε το ποσοστό του 41,1% . Και αν αποτελούσε εκλογικό κόμμα θα επιτύγχανε την αυτοδυναμία…

Ο λαός στην πλειοψηφία του δηλαδή, δεν εξουσιοδοτεί κανένα ουσιαστικά από τα υπάρχοντα κόμματα να διαχειριστεί την τύχη του, καθώς δεν του έχει παρουσιασθεί κανένα ξεκάθαρο σχέδιο διεξόδου από την κρίση, με αποτέλεσμα να μπερδεύεται ακόμη και για το αν πρέπει να μείνει ή να φύγει η χώρα από την Ευρωπαϊκή Ένωση.

Η καλύτερη προσέγγιση που απομένει να κάνει ο εκλεγμένος συνασπισμός κυβέρνησης λοιπόν, είναι να καταστήσει ξεκάθαρες τις σχέσεις του και τις αποστάσεις του από τα μνημόνια, να αποσαφηνίσει την χρησιμότητα και μη χρησιμότητα τους, να στηρίξει τους τομείς της Ελληνικής οικονομίας να ανακάμψουν και να επιτύχει διευθέτηση της απομείωσης του δημόσιου χρέους, αλλιώς η χώρα δεν πρόκειται να έχει κανένα μέλλον, μόνο θεατρίνους που θα εναλλάσσονται στην εξουσία, μέχρι η βία να καταλάβει τα πράγματα…

ΟΙ ΔΙΚΕΣ ΜΑΣ ΚΑΙ ΟΙ ΑΛΛΕΣ ΤΡΑΠΕΖΕΣ

Και μιλώντας για τράπεζες, ο Γερμανός υπουργός οικονομικών Βόλφγκανγκ Σόιμπλε, ανοίγει τον ασκό του Αιόλου και επιβάλλει αυτονομία των γερμανικών τραπεζών από την ΕΚΤ.

Πριν λίγες μέρες πέρασε από το γερμανικό κοινοβούλιο σχέδιο νόμου, που επιτρέπει στο υπουργείο Οικονομικών να καθορίζει τα σχέδια αναδιάρθρωσης τραπεζών, τη διαχείριση επιχειρηματικού ρίσκου και τη λήψη εσωτερικών αποφάσεων. Με τον νέο νόμο εξαιρούνται ουσιαστικά οι γερμανικές τράπεζες από τον έλεγχο της ΕΚΤ, η οποία δεν θα μπορεί πλέον να τις ελέγχει, όταν κρίνει ότι έχουν πρόβλημα φερεγγυότητας και να προχωρεί σε ανακεφαλαιοποίηση τους, όπως συμβαίνει στις υπόλοιπες χώρες στην ευρωζώνη.

Η σχετική διάταξη της ΕΚΤ περί «έγκαιρης παρέμβασης» που περιλαμβάνεται στην οδηγία για την Ανάκαμψη και Εξυγίανση των Τραπεζών που καλούνται να μεταφέρουν τα κράτη - μέλη στο εθνικό δίκαιό τους, παύει να έχει ισχύ λοιπόν για την Γερμανία, δημιουργώντας ένα καθεστώς ιδιαίτερης μεταχείρισης της γερμανικής οικονομίας, μέσα σε μια υποτίθεται ενωμένη Ευρώπη.

Και αν με ρωτήσετε εάν ο Σόιμπλε έχει δίκιο, θα σας απαντήσω σε πλήρη συνείδηση, ΝΑΙ.

Ως προς τι όμως;

Μα φυσικά ως προς το σκέλος της εθνικής διαχείρισης των τραπεζών ενός κράτους και τον παρεμβατικό ρόλο της Ευρωπαικής Κεντρικής Τράπεζας ή αλλιώς ΕΚΤ. Η οποία με βάση την σχετική κοινοτική οδηγία, έχει την εξουσία να διατάσσει αύξηση μετοχικού κεφαλαίου, να συγκαλεί συνέλευση μετόχων, ακόμη και να απολύει τη διοίκηση σε ορισμένες περιπτώσεις, κρατώντας την κυβέρνηση μια χώρας σε ομηρία.

Γιατί ας μην ξεχνάμε, ότι μπορεί οι κυβερνήσεις μιας χώρας να ψηφίζονται, υποτίθεται δημοκρατικά από τον λαό, αλλά η ψήφος ελέγχεται ουσιαστικά από το πορτοφόλι του κάθε ψηφοφόρου, που ελέγχεται από τις καταθέσεις του, τη σύνταξη του, το μισθό του, στην τράπεζα και την διαχείρισή τους.

Και αυτό αποδείχτηκε περίτρανα με την λειτουργία των capital controls στις αρχές του περασμένου καλοκαιριού, όταν το σύστημα των τραπεζών κατέρρευσε λόγω του bank run ή αλλιώς της φυγάδευσης των καταθέσεων, κυρίως στο εξωτερικό. Λίγη πολιτική σπέκουλα εκ των έσω, ήταν αρκετή για να φοβίσει τους έλληνες πολίτες και να σηκώνουν μετά μανίας τις καταθέσεις τους από τις τράπεζες, με αποτέλεσμα να πέσει το σύστημα, όπως ακριβώς πέφτει ο κεντρικός διακόπτης της ηλεκτρικής ασφάλειας στα σπίτια μας. Και κατόπιν να έρθει ο ευρωσωτήρας, η Ευρωπαική Κεντρική Τράπεζα (ΕΚΤ) , να μας σώσει από το κακό , αφού πρώτα είχε τραβήξει η ίδια το δίχτυ ασφαλείας από τις ελληνικές τράπεζες, για να μας επιβάλλει στη συνέχεια ένα πρόγραμμα, που ούτε ως υποζύγια δεν θα μπορούμε να φέρουμε εις πέρας. Έτσι δημιουργούνται τα πραξικοπήματα σήμερα αγαπητοί φίλοι, με οικονομικές δράσεις.

Αυτό που συνέβηκε στην Ελλάδα, φέρνει στην επιφάνεια την παραχώρηση στοιχειωδών δημοκρατικών δικαιωμάτων των χωρών της ΕΕ στην ΕΚΤ, βάση της συγκεκριμένης οδηγίας, που έγινε με απώτερο στόχο την πολιτική χειραγώγηση τους, προκειμένου να εξυπηρετούνται συμφέροντα διεθνών ολιγοπωλίων.

Να θυμίσω, ότι μετά τη ψήφιση του τρίτου μνημονίου, η ποσοτική χαλάρωση της ΕΚΤ, να παρέχει πρόσθετη ρευστότητα ύψους 60 δισ. τον μήνα, δεν επέδρασε ευεργετικά στην Ελλάδα, καθώς το Δημοσιονομικό Σύμφωνο, με το πλαφόν του 3% απαγόρευε επί της ουσίας αύξηση της ζήτησης και αναθέρμανση της οικονομίας, εφόσον τα χρήματα δεν επενδύονταν στην ελληνική αγορά.

Η οικονομική παρουσία στήριξης δηλαδή της ΕΚΤ, δεν δικαιολογεί το ρόλο της, όταν το ίδιο το σύστημα δεν επιτρέπει την ανάκαμψη της οικονομίας μιας χώρας. Πράγμα που σημαίνει ότι η παρουσία της επιβάλλεται για άλλους λόγους και σίγουρα όχι δημοκρατικούς. Όσο για την ιδεολογία της θωράκισης του ευρώ, αποτελεί απλά μια πολιτισμένη μεταμφίεση του οικονομικού επεκτατισμού.

Αλλά γιατί μια τόσο επιλεκτική μεταχείριση κύριε Σόιμπλε για την Γερμανία, τη στιγμή που μια τέτοια νομοθεσία θα μπορούσε να έχει υποστηριχθεί καθολικά από της χώρες της ΕΕ και τα κοινοβούλια τους, απέναντι στην ΕΚΤ, βελτιώνοντας συνολικά τον θεσμό και τις δημοκρατικές συνθήκες που τον διέπουν;

Άρα γνωρίζεις από Δημοκρατία, απλά της εξασκείς αποσπασματικά...

Σύμφωνα με το Bloomberg βέβαια, η νομική υπηρεσία της ΕΚΤ έχει εκδώσει από τις 2 Σεπτεμβρίου γνωμοδότηση σύμφωνα με την οποία η κεντρική τράπεζα μπορεί να αγνοήσει τον γερμανικό νόμο. «Η ΕΚΤ δεν δεσμεύεται από κυβερνητικούς κανονισμούς ή από παρόμοια μέτρα που ενδέχεται να επηρεάζουν την ανεξαρτησία της ή την ομαλή λειτουργία του Κοινού Μηχανισμού Εποπτείας» αναφέρει χαρακτηριστικά και εξετάζει το ενδεχόμενο να προσφύγει στο Δικαστήριο της Ευρωπαϊκής Ένωσης, κατά της Γερμανίας με αφορμή τον νέο νόμο.

Μονομερής ενέργεια λοιπόν κύριε Σόιμπλε, το σχέδιο νόμου στην Γερμανική βουλή, που καθιστά πρακτικά αδύνατη την παρέμβαση της ΕΚΤ στις γερμανικές τράπεζες, παρά μόνο όταν θα βρίσκονται ήδη στα πρόθυμα της κατάρρευσης, παραβιάζοντας έτσι εντελώς την κοινοτική οδηγία.

Μετά από το μάθημα που έγινε στην Ελλάδα με τα capital controls, σπεύσατε αμέσως να απεγκλωβίσετε τις γερμανικές τράπεζες και κατ' επέκταση τη χώρα σας, από την «προστασία» της ΕΚΤ. Προκειμένου να έχετε τον έλεγχο σε όποια παρόμοια συγκυρία , αφορμούμενη από διαφορετικούς λόγους, δεν έχει σημασία, παρουσιαζόταν στη χώρα σας και να μην συρθείτε όπως η Ελλάδα σε συνθηκολόγηση.

Well Done !!!

Μόνο που θα έπρεπε αυτά τα δικαιώματα να τα αναγνωρίζεται και σε άλλα κράτη ,
πέρα από το δικό σας...

ΤΟ ΠΕΙΡΑΜΑ ΤΗΣ ΣΥΡΙΑΣ

Από την πρώτη στιγμή που η «αραβική άνοιξη» έφθασε στη Συρία, ένα κράτος που εναντιώνεται στην σκληροπυρηνική πολιτική του Ισραηλινού Aparheid, έσπευσαν οι μεγάλες δυνάμεις να αναχαιτίσουν την κοινωνική αφύπνιση των αραβικών λαών, μετά από χρόνια χειμερίας νάρκης και πολέμων.

Τα τεράστια συμφέροντα που αφορούσαν την περιοχή, όπως το πετρέλαιο, οι αγωγοί φυσικού αερίου, αποτελούσαν σημαντικά κίνητρα για να πνιγούν οι όποιες δημοκρατικές μεταρρυθμίσεις.

Η αμερικανική εισβολή στο Ιράκ το 2003, με αφορμή την 11η Σεπτεμβρίου 2001, προκειμένου να ανατραπεί το κοσμικό αραβικό καθεστώς του Σαντάμ, και να εκδημοκρατισθεί η περιοχή, θα οδηγούσε τους αραβικούς λαούς σε πλήρη πολιτική σύγχυση.

Το αποτέλεσμα ήταν η εδραίωση του κινήματος του Ισλαμικού κράτους, που ξεπήδησε σαν αντίδραση απέναντι στην επικυριαρχία των ξένων δυνάμενων, στην πρώτη του εκδοχή, γεννημένο στις 13 Οκτωβρίου 2006, ως προϊόν μιας συμμαχίας ανάμεσα σε τζιχαντιστικές οργανώσεις του Ιράκ.

Η απόφαση του Αλ-Μπαγκντάντι να εμπλέξει το κίνημά του στον πόλεμο της Συρίας, εκμεταλλευόμενος την εμφύλια σύρραξη, δημιούργησε στην πορεία ένα ντόμινο πολεμικών, αλλά πολιτικών εξελίξεων παγκόσμια. Επεκτείνοντας την οργάνωσή του στη Συρία, απέκτησε επίσης την πολυπόθητη οικονομική αυτονομία.

Φορτισμένο με συναίσθημα και μπόλικη δόση θρησκείας, που θα διευκόλυνε την μετάδοσή του ανάμεσα στους αραβικούς λαούς, το κίνημα ξεπέρασε κάθε προηγούμενο ρεκόρ αντάρτικης τρομοκρατικής κίνησης.

Προμελετημένες κινήσεις , προμελετημένες εκτελέσεις, με εστίες πολέμου μέσα στον ίδιο τον αραβικό λαό όμως και όχι αλλού.

Αυτή είναι και η βασική διαφορά της Αλ-Κάιντα με την ISIS.

Ο Μπιν Λάντεν παγκοσμιοποίησε την τρομοκρατική αντίσταση των μουσουλμανικών λαών, ενάντια στην εκμετάλλευση τους από τον υπόλοιπο κόσμο και κυρίως από τη Δύση, ενώ ο Αλ-Μπαγκντάντι πολεμά για τις τοπικές ιδεολογικές του φιλοδοξίες, που αφορούν την ενοποίηση των εδαφών του Ισλάμ.

Πολιτική που είχε χρησιμοποιηθεί και από τον διάδοχο του Μπιν Λαντεν, Αμπού Μουσάμπ Αλ-Ζαρκάουι . Όταν η Αλ-Κάιντα προσπαθούσε να πλήξει τον μακρινό εχθρό, ο Ζαρκάουι επικέντρωνε την προσοχή του στον κοντινό σιιτικό εχθρό. Οι Αμερικανοί του πρόσφεραν έδαφος για να δράσει και έτσι έγινε ο αρχηγός της Αλ-

Κάιντα στο Ιράκ. Ιδεολογική μετεξέλιξη του Ζαρκάουι αποτελεί η ISIS και διάδοχός του ο Αλ-Μπαγκτάντι.

Πόσο καλά οργανωμένο σχέδιο ήταν αυτό, από πλευράς της Δύσης, για να πουλάει εξοπλισμό πολέμου και να εκμεταλλεύεται το πετρέλαιο και το φυσικό αέριο, κανείς δεν ξέρει. Καθώς η τρομοκρατία τώρα πια δεν συμπεριλαμβάνει θύματα του δυτικού κόσμου, εκτός από κάτι εκτελέσεις για το θεαθήναι, αλλά θύματα του αραβικού κόσμου που καταγράφονται είτε σε νεκρούς , είτε σε πρόσφυγες.

Το καινούργιο φονταμενταλιστικό μόρφωμα που ακούει στο όνομα ISIS, έρχεται να αποτελέσει την πιο αξιόπιστη μορφή αντιπολίτευσης απέναντι στα διεφθαρμένα παλαιότερα καθεστώτα, στο κοσμικό κράτος της Συρίας, παρά το γεγονός ότι οι περισσότεροι πολίτες είναι προσανατολισμένοι στο κοσμικό κράτος.

Και αυτή είναι η πραγματική πολιτική απειλή για την ανθρωπότητα.

Τελευταία μπήκε στο παιχνίδι και η Ρωσία. Ο Πούτιν με συμμάχους το Ιράν και Ιράκ, είναι αποφασισμένος να διαδραματίσει ισχυρό ρόλο στην περιοχή, προκειμένου να εκβιάσει την Ευρώπη ενεργειακά.

Η Συρία μπορεί να αποτελέσει το οικονομικό και γεωστρατηγικό του στρατηγείο στην Μέση Ανατολή, σε μια εποχή που τα κέρδη από την ενέργεια μειώνονται λόγω πτώσης στις τιμές πετρελαίου και φυσικού αερίου.

Και παρά το γεγονός ότι οι ΗΠΑ έπεισαν τη σύμμαχο Σαουδική Αραβία να αυξήσει την παραγωγή για να παραμείνει χαμηλό το κόστος, η επέμβαση Πούτιν στην Συρία σηματοδοτεί μια καινούργια εποχή, που χαρακτηρίζεται από την λυκοφιλία με τις ΗΠΑ και την προσωρινή ανακωχή για την Ουκρανία και τη Μέση Ανατολή.

Ο ΕΥΡΩΣΚΕΠΤΙΚΙΣΜΟΣ ΣΥΝΕΧΙΖΕΙ ΤΗΝ ΠΟΡΕΙΑ ΤΟΥ ΣΤΗΝ ΕΥΡΩΠΗ

Το συντηρητικό λαϊκιστικό κόμμα Νόμος και Δικαιοσύνη (PiS) των αδελφών Κατσίνσκι κερδίζει τις πρόσφατες βουλευτικές εκλογές της Πολωνίας. Η λεγόμενη κοινωνική δεξιά του PiS για την ακρίβεια, απέσπασε το 37,6% των ψήφων και την απόλυτη πλειοψηφία στο Πολωνικό κοινοβούλιο.

Η ιδεολογική πλατφόρμα του συγκεκριμένου κόμματος αποτελεί μια καινούργια κομματική πατέντα στη Ευρώπη, η οποία στηρίζεται σε κοινωνικο-οικονομικές διακηρύξεις αριστερού τύπου, με εθνικιστική συντηρητική πολιτική προσέγγιση.

Ευρωσκεπτικισμός και προσφυγικό αποτελούν κυρίαρχες στρατηγικές κουβέντες της εν λόγω κυβέρνησης. Κατά των αριστερών, κατά των ομοφυλόφιλων, κατά των προσφύγων. Υπέρ της εκκλησίας, υπέρ των κοινωνικών δαπανών, υπέρ της φορολόγησης των πλουσίων, υπέρ της κρατικοποίησης των επιχειρήσεων.

Οι λόγοι της πρόσφατης νίκης του PiS είναι η δυσαρέσκεια της κοινής γνώμης για τις μεταρρυθμίσεις στο συνταξιοδοτικό, αυξάνοντας το όριο ηλικίας στα 67 έτη, η ανησυχία για το ποσοστό ανεργίας που επίσημα αγγίζει το 9%, η προσφυγική κρίση, αλλά και η φυγή των νέων στο εξωτερικό.

Το ίδιο φαινόμενο συναντάμε και στην Ουγγαρία, όπου ο ακροδεξιός ηγέτης Βίκτορ Ούρμπαν, αντιτίθεται σθεναρά στην πολιτική του νεοφιλελευθερισμού και της λιτότητας που έχει πλήξει την Ευρώπη.

Έτσι έχουμε τον πρώτο σχηματισμό ενός συντηρητικού πολιτικού μπλοκ, Πολωνία-Ουγγαρία, ομογάλακτων πολιτικά χωρών, που ορθώνει το ανάστημα του απέναντι στην πολιτική της λιτότητας στην Ευρώπη και θέτει αμφισβήτηση στην ευρωπαϊκή ενσωμάτωση.

Αυτό ήρθε ως αποτέλεσμα της δυσαρέσκειας των πολιτών για τους χαμηλούς μισθούς, σε σχέση με τους εργαζομένους στις χώρες της ΕΕ σε Δύση και Βορρά. Το success story μια υποφαινόμενης ανάπτυξης, ουδόλως αποτέλεσε δόλωμα για τους λαούς και των δύο χωρών, που ανάγκασαν ακόμη και τους πιο συντηρητικούς πολιτικούς τους να υιοθετήσουν διαφορετική πολιτική ατζέντα από εκείνη της ΕΕ.

Όσον αφορά το ευρώ, στην Πολωνία δεν αναμένεται η υιοθέτησή του μέσα στα επόμενα χρόνια. Παρά τις καλές επιδόσεις της πολωνικής οικονομίας, ακόμη και κατά τη διάρκεια της κρίσης, οι πολωνοί πολίτες τάσσονται κατά του ευρώ.

Η Ουγγαρία, που προσχώρησε στην Ευρωπαϊκή Ένωση το 2004, δεν έχει επίσης ορίσει ακριβή ημερομηνία υιοθέτησης του ευρώ.

Αξίζει να σημειωθεί επίσης, ότι:
Η Δανία, η Σουηδία και το Ηνωμένο Βασίλειο έχουν επιλέξει να μην υιοθετήσουν το ευρώ. Η Δανία ωστόσο είναι μέλος του Μηχανισμού Συναλλαγματικών Ισοτιμιών (ΜΣΙ). Το Ηνωμένο Βασίλειο, μετά τα γεγονότα της Μαύρης Τετάρτης αποχώρησε από το Μηχανισμό Συναλλαγματικών Ισοτιμιών (ΜΣΙ) και προς το παρόν δεν προτίθεται να υιοθετήσει το κοινό νόμισμα, λόγω της διάχυτης αντίθεσης της κοινής γνώμης της προς το κοινό νόμισμα, ενώ στη Σουηδία η συμμετοχή στο Ευρώ τέθηκε σε δημοψήφισμα στις 14 Σεπτεμβρίου 2003 όπου απορρίφθηκε.

Σε μια εποχή, που Ευρωπαικοί λαοί ταλανίζονται από την λιτότητα, προκειμένου να στηρίξουν ένα επίδοξο σύστημα νομισματικής εξουσίας που ασκεί το ευρώ, τα πολιτικά σύνορα καταργούνται και οι λαοί δίνουν δημοκρατική εντολή για καταστολή της παράνομης εξουσίας του ευρώ στην εθνική τους διαχείριση, ακόμη και σε μη παραδοσιακούς πολιτικούς μηχανισμούς.

Η ανάγκη για αλλαγή στην καθεστωτική συμπεριφορά της ΕΕ απέναντι στις χώρες μέλη της, γίνεται πιο επιτακτική από ποτέ. Ετερόκλητοι πολιτικοί σχηματισμοί αποκτούν κοινό σημείο αναφοράς την λαϊκή βούληση, για αντιστοιχισμένη κοινωνική και οικονομική ευημερία. Η αριστερά δεν ξεχωρίζει πλέον από την δεξιά, τόσο σε εθνικές διεκδικήσεις όσο και κοινωνική και οικονομική πολιτική, παρά μόνο απέναντι σε παραδοσιακές ιδεολογικές θέσεις.

Η αλληλεγγύη και οι κοινωνικές μεταρρυθμίσεις, ανάγονται σε εναλλακτική πολιτική πρόταση, απέναντι στη λιτότητα και στις φιλελεύθερες μεταρρυθμίσεις. Και η Ευρώπη παραμένει προσκολλημένη, σε ένα αμήχανο καρτέλ πολιτικών δυνάμεων που εννοούν να ελέγχουν τη μοίρα του πλανήτη, απέναντι σε πλήθη που διαδηλώνουν   τη   Δημοκρατία...

Μόλις τον τελευταίο μήνα :

-Χιλιάδες διαδήλωσαν στο Λονδίνο για να σωθεί το Εθνικό Σύστημα Υγείας

-Χιλιάδες άνθρωποι διαδήλωσαν στη Μαδρίτη για να καταγγείλουν τη φτώχεια και τις αυξανόμενες ανισότητες και στις ελεύθερες εμπορικές συναλλαγές της TTIP.

-Μία μεγάλη διαδήλωση, στην καρδιά Ευρώπης, στις Βρυξέλλες, ακτιβιστές από ολόκληρη την Ευρώπη είπαν ένα μεγάλο ΟΧΙ στη συμφωνία ελεύθερου εμπορίου και ελεύθερων επενδύσεων TTIP.

-Ενώ διαδηλώσεις για το δυσεπίλυτο πρόβλημα του προσφυγικού, διεξάγονται στις περισσότερες χώρες.

Μετά από όλα αυτά, μπορεί να αναρωτηθεί εύλογα κανείς, αν η διάλυση της Ενωμένης Ευρώπης θα αποτελέσει άραγε καταστροφή ή ανακούφιση των λαών, από τα «Ενωμένα Συμφέροντα» αυτών που την σχεδίασαν επάνω σε αριθμούς και όχι σε ανθρώπους...

ΑΡΘΡΟ 46⁰ – ΠΡΩΤΗ ΔΗΜΟΣΙΕΥΣΗ 21/11/2015

Η ΠΟΡΤΟΓΑΛΙΑ ΕΠΑΛΗΘΕΥΕΙ ΤΗΝ ΑΠΟΤΥΧΙΑ ΤΩΝ ΜΝΗΜΟΝΙΩΝ

Δεν υπάρχουν success stories στην Ευρωζώνη και αυτό γιατί το μέτρο της επιτυχίας είναι η νομισματική ένωση και όχι η πολιτική, που αντικατοπτρίζει τα θέλω των πολιτών, ανά την Ευρώπη.

Η Πορτογαλία, παρότι ολοκλήρωσε με επιτυχία, κατά τους πιστωτές της το πρόγραμμα του μνημονίου, υποφέρει ακόμη από τα μέτρα λιτότητας και την φτωχοποίηση του λαού της.

Ένα ακόμη παράδειγμα , που αποσαφηνίζει, ότι χωρίς κοινωνικές μεταρρυθμίσεις κανένα μνημόνιο δεν πρόκειται να έχει αποτελεσματικότητα.

Η χώρα εξακολουθεί, παρά την ολοκλήρωση του μνημονίου, να έχει συνολικό χρέος της τάξης του 370% του ΑΕΠ (δημόσιο και ιδιωτικό), ανεργία στο 17% και οξύτατο πρόβλημα ανταγωνιστικότητας.

Η ΕΚΤ, από την άλλη μεριά, σε μια προσπάθεια διατήρησης της δανεισματικής σχέσης της χώρας, γλυκαίνει το χάπι με αλχημείες που εμφανίζουν την χώρα να έχει ανέβει το βάθρο της οικονομικής ευημερίας.

Οι διαθέσεις αυτές έγιναν αντιληπτές όμως από το πορτογαλικό λαό, που ανέτρεψε τη μέχρι τώρα πολιτική κατάσταση, η οποία διαφαινόταν να στέκει στο πολιτικό στερέωμα ασθμαίνοντας. Αυτό δεν αφορούσε μόνο όμως τον κεντροδεξιό συνασπισμό του Pedro Passos Coelho, που από το 2011 διαχειρίστηκε το πορτογαλικό μνημόνιο, αλλά και τους αντιπολιτευόμενους Σοσιαλιστές, που παρότι προηγούνταν στις δημοσκοπήσεις κατάφεραν στις εκλογές της 4ης Οκτωβρίου να κατατάγουν δεύτεροι.

Έτσι η παράταξη του Coelho κατακτά μεν την πρώτη θέση στις εκλογές, αλλά χωρίς αυτοδυναμία. Πάρα ταύτα ο πρόεδρος της Δημοκρατίας Anibal Cavaco Silva, προς έκπληξη όλων, επιχειρεί μέγα συνταγματικό λάθος και δίνει μετεκλογικά την εντολή για σχηματισμό κυβέρνησης εκ νέου στον Coehlo.

Η πρωτοφανής ευρωπαική τρομοκρατία, στηρίχθηκε επάνω στα επιχειρήματα ότι :στα 40 χρόνια από την αποκατάσταση της δημοκρατίας, καμία κυβέρνηση της Πορτογαλίας δεν βασίσθηκε στη στήριξη αντιευρωπαϊκών δυνάμεων, που να τάσσονται κατά της Συνθήκης της Λισαβώνας, του Δημοσιονομικού Συμφώνου και του Συμφώνου Σταθερότητας και να επιθυμούν να καταλύσουν την νομισματική ένωση και το ΝΑΤΟ. Άρα οι αριστερές δυνάμεις (μπλόκο της Αριστεράς και συμμαχία Κομμουνιστών-Πρασίνων), που έφθασαν στο 18%, κατά τον Πορτογάλο πρόεδρο ασκούσαν ιδεολογικά, καθαρά αντιευρωπαικη πολιτική, ενώ οι σοσιαλιστές υιοθετώντας πια αντιμνημονιακή πολιτική, διέρχονταν σε αμφιλεγόμενα πολιτικά μονοπάτια σχετικά με την Ευρωπαϊκή Ένωση. Κατά συνέπεια, θα έπρεπε να σιγάσουν και να μην αποκτήσουν την δυνατότητα να σχηματίσουν Κυβέρνηση.

Το αποτέλεσμα ήταν να δημιουργηθεί ένα ισχυρό μέτωπο των Σοσιαλιστών με τα δύο κόμματα της Αριστεράς, το οποίο προκάλεσε ως κοινοβουλευτική πλειοψηφία, την πτώση της κυβέρνησης Coelho.

Και επειδή το πορτογαλικό Σύνταγμα δεν επιτρέπει τη διεξαγωγή πρόωρων εκλογών πριν την παρέλευση έξι μηνών από την ανάδειξη νέου Κοινοβουλίου ή την εκλογή νέου Προέδρου της Δημοκρατίας, ο Cavaco Silva, του οποίου η θητεία ως Προέδρου της Δημοκρατίας, λήγει τον Ιανουάριο 2016, δεν έχει παρά να αναθέσει την εντολή για σχηματισμό κυβέρνησης στον ηγέτη των Σοσιαλιστών Antonio Costa, καθώς ο σχηματισμός υπηρεσιακής κυβέρνησης δεν μπορεί να εγκρίνει ούτε προυπολογισμό και θα βάλει την χώρα σε νέες περιπέτειες.

Διαφαίνεται, ότι και τα δύο κόμματα της αριστεράς, τα οποία είναι εντελώς ενάντια στην Ευρωζώνη, θα στηρίξουν τους σοσιαλιστές , προκειμένου για το σχηματισμό κυβέρνησης που θα βγάλει τη χώρα από το αδιέξοδο.

Στόχος τους είναι η δημοσιονομική σταθεροποίηση της χώρας, αλλά και η μείωση του χρέους, μέσα από διαδικασίες όμως που δεν θα τραυματίζουν τον κοινωνικό της ιστό. Και αυτό αφορά μισθούς, συντάξεις, ιδιωτικοποιήσεις.

Μερικά από τα 70 μέτρα συμφωνίας ανάμεσα στο Σοσιαλιστικό και Κομμουνιστικό Κόμμα, τους Πράσινους και το Μπλόκο της Αριστεράς, είναι : επιστροφή του 35ωρου στο δημόσιο, αύξηση μισθών και συντάξεων, επαναφορά εθνικών αργιών, ακύρωση της ιδιωτικοποίησης του νερού εκτιμώντας ότι η πρόσβαση στο νερό αποτελεί ανθρώπινο δικαίωμα, ενίσχυση δημόσιας Υγείας και Παιδείας, αύξηση κατώτερου μισθού στα 600 ευρώ έως το 2019.

Προβλέπεται ότι από τη 1η Ιανουαρίου 2016 θα ξεκινήσει η αναπροσαρμογή των συντάξεων, με βάση το κόστος ζωής, με στόχο να μη χαθεί η ονομαστική αξία της σύνταξης, θα επαναφερθούν οι ρυθμίσεις που αφορούν τις αποχωρήσεις προσωπικού από το δημόσιο τομέα, θα αναπροσαρμοσθούν οι εισφορές για τη Κοινωνική Ασφάλιση με στόχο τη διατήρηση των εισοδημάτων των εργαζομένων με αποδοχές έως 600 ευρώ, ενώ προβλέπεται επίσης σταδιακή άνοδος του κατώτερου μισθού στα 600 ευρώ έως το 2019.

Σε ότι αφορά την άμεση και έμμεση φορολογία η συμφωνία προβλέπει τη κατάργηση των προηγούμενων διατάξεων που επιβάρυναν τις οικογένειες με παιδιά και την αντικατάστασή τους με μέτρα στήριξης της οικογένειας, όπως η μείωση της φορολόγησης για το κάθε παιδί, ρήτρα για τη διασφάλιση μικρής αύξησης έως 75 ευρώ για φορολόγηση κατοικίας με μικρή αξία, **απαγόρευση κατασχέσεων οικογενειακής κατοικίας και αναστολή κατασχέσεων για τις υπόλοιπες οικογενειακές κατοικίες**, αναπροσαρμογή των δυσανάλογων προστίμων για χρέη στο δημόσιο και κυρίως για αδυναμία καταβολής φορολογικών υποχρεώσεων φυσικών προσώπων και υιοθέτηση νέων μέτρων για τη αντιμετώπιση της υποβολής *πλαστών φορολογικών στοιχείων*, εξορθολογισμός των πληρωμών για τους φόρους και τη Κοινωνική Ασφάλεια, μείωση του ΦΠΑ στην εστίαση στο 13%, κίνητρα για τη στήριξη της παραγωγής των επιχειρήσεων στην περιφέρεια και τη κατανομή της απασχόλησης, φορολογικά κίνητρα για τις μικρές και μεσαίες επιχειρήσεις κοινωνικά τιμολόγια κυρίως στην ηλεκτρική ενέργεια για άτομα και οικογένειες με χαμηλά εισοδήματα.

Προβλέπεται επίσης η ακύρωση των ιδιωτικοποιήσεων και κυρίως του τομέα των μεταφορών της Λισσαβόνας και του Πόρτο, η ακύρωση των συγχωνεύσεων ανάμεσα στις εταιρείες ύδατος και της ιδιωτικοποίησης της εταιρείας διαχείρισης της δημόσιας περιουσίας.

Τα μέτρα αναφέρονται με σαφήνεια στην ανάπτυξη της οικονομίας, με απαραίτητη βάση την κοινωνική ανάπτυξη και την επαναφορά της χώρας σε ρυθμούς που θα ενισχύουν το λαό της και όχι το ευρώ.

Την ίδια στιγμή οι εκλογές στην Ισπανία στις 20 Δεκεμβρίου, καθώς και το ενδεχόμενο πρόωρων εκλογών στην Ιταλία, αν οι βουλευτές δεν καταφέρουν να εκλέξουν νέο Πρόεδρο της Δημοκρατίας, θα αναδείξουν κυβερνητικούς σχηματισμούς με σαφή αναφορά στον ευρωσκεπτικισμό, καθώς οι δημοσκοπήσεις καταδεικνύουν ότι η πλειοψηφία των πολιτών τάσσεται ξεκάθαρα υπέρ των κοινωνικών μεταρρυθμίσεων, κατά των μνημονίων και κατά του ευρώ.

Έτσι μετά την δημιουργία του δεξιού μπλοκ στην Πολωνία και την Ουγγαρία , θα έχουμε ένα σοσιαλαριστερό μπλοκ δυνάμεων στην νότια Ευρώπη που θα αμφισβητεί την πολιτική της Νομισματικής Ένωσης.

Το καρτέλ του Ευρώ θα αρχίσει να υποχωρεί εμπρός στην πίεση των κοινωνικών δυνάμεων και τότε θα αποκαλυφθούν τα πραγματικά κίνητρα ενοποίησης των λαών της Ευρώπης , που δεν είναι άλλα από τον οικονομικό και πολιτικό τους έλεγχο, από δυνάμεις που ενδεχομένως να μην ανήκουν ούτε καν στο ευρωπαικό στρατόπεδο.

ΑΡΘΡΟ 47° – ΠΡΩΤΗ ΔΗΜΟΣΙΕΥΣΗ 22/12/2015

ΟΙ ΕΚΛΟΓΕΣ ΣΤΗΝ ΙΣΠΑΝΙΑ ΕΝΙΣΧΥΟΥΝ ΤΟ ΜΗΝΥΜΑ ΚΑΤΑ ΤΗΣ ΛΙΤΟΤΗΤΑΣ

Μετά την σαρωτική αφομοίωση των τελευταίων κυβερνήσεων, σε πολλές από τις χώρες του Ευρωπαικού νότου, από την πολιτική τρόικα των Βρυξελλών, η πολιτική τους ατζέντα αλλάζει καθώς ο λαός φαίνεται επιφυλακτικός να δώσει αυτοδυναμία σε οποιοδήποτε κόμμα.

Σε μια εποχή κυβερνήσεων συνεργασίας, μετά την Πορτογαλία μπαίνει και η Ισπανία στο παιχνίδι. **Το Σύνταγμα όμως της Ισπανίας δεν ορίζει προθεσμία για τον σχηματισμό κυβέρνησης μετά τη διεξαγωγή εκλογών**, πράγμα το οποίο σημαίνει πως η νέα Ισπανική κυβέρνηση θα πάρει αρκετό χρόνο για να σχηματιστεί.

Επίσης το Σύνταγμα της Ισπανίας δεν υποχρεώνει τον Βασιλιά να δώσει εντολή σχηματισμού κυβέρνησης στο πρώτο κόμμα, αφήνοντας στην ευχέρεια του την ανάθεση εντολής σχηματισμού κυβέρνησης σε όποιον θεωρεί ότι εξασφαλίζει την απόλυτη πλειοψηφία του Κοινοβουλίου(176).

Αναλυτικά οι εκλογές εξελίχθηκαν ως εξής:

Το συντηρητικό Λαϊκό Κόμμα του απερχόμενου πρωθυπουργού Μαριάνο Ραχόι εξασφαλίζει το 28,5% και 122 έδρες στο ισπανικό κοινοβούλιο, έπειτα από την καταμέτρηση του 90% των ψήφων, ενώ το Σοσιαλιστικό Κόμμα έρχεται δεύτερο με 22,5 % και 91 έδρες.

Ακολουθούν το Podemos με 20,5% και 69 έδρες και οι Ciudadanos με 14% και 40 έδρες.

2015

Candidaturas	Votos	Diputados
PARTIDO POPULAR	7.172.902 (28,71%)	123
PARTIDO SOCIALISTA OBRERO ESPAÑOL	5.500.388 (22,02%)	90
PODEMOS	3.159.725 (12,65%)	42
CIUDADANOS-PARTIDO DE LA CIUDADANÍA	3.480.967 (13,93%)	40
EN COMÚ PODEM	924.847 (3,70%)	12
COMPROMÍS-PODEMOS-ÉS EL MOMENT	669.347 (2,68%)	9
ESQUERRA REPUBLICANA DE CATALUNYA-CATALUNYA SÍ	597.691 (2,39%)	9
DEMOCRÀCIA I LLIBERTAT. CONVERGÈNCIA. DEMÒCRATES. REAGRUPAMENT	564.154 (2,26%)	8
EN MAREA	405.159 (1,62%)	6
EUZKO ALDERDI JELTZALEA-PARTIDO NACIONALISTA VASCO	301.585 (1,21%)	6
UNIDAD POPULAR: IZQUIERDA UNIDA, UNIDAD POPULAR EN COMÚN	917.383 (3,67%)	2

Ακριβώς όπως και στην Πορτογαλία ο λαός τιμωρεί το κυβερνών κόμμα, που ενώ φέρνει πρώτο σε ψήφους δεν συγκεντρώνει την απαραίτητη πλειοψηφία στις έδρες για να κυβερνήσει.

Το εκλογικό αποτέλεσμα έδωσε ένα ισχυρό χαστούκι απέναντι στα σκάνδαλα και στη διαφθορά, αλλά και στην σκληρή πολιτική λιτότητας.

Τα πιθανά σενάρια συνεργασίας εμφανίζονται τώρα , ανάμεσα στο σοσιαλιστικό κόμμα και την αριστερά (Podemos). Όλα αυτά στην προοπτική, ότι δεν θα ακολουθήσουν την πολιτική των μνημονίων και θα δείξουν αντίσταση στα όποια φαινόμενα κηδεμονοποίησης πάλι από την Ευρώπη.

Η συνεργασία των Podemos με τον σχηματισμό Comu' Podem στην Καταλονία που το ζήτημα της ανεξαρτησίας της, ή μη, κι η σχέση της με το Ισπανικό κράτος απετέλεσε ένα από τα κύρια διακυβεύματα των εκλογών (εφόσον τέθηκε στην τοπική συνείδηση), αποτελεί σίγουρα ένα από τα θετικά δείγματα προεκλογικής γραφής των Podemos. Και αυτό γιατί η παράταξη Comu' Podem, που επικεφαλής της είναι η νυν δήμαρχος της Βαρκελώνης Άντα Κολάου, έδωσε μεγάλους αγώνες κατά των εξώσεων, ένα ζήτημα που ταλάνιζε την Ισπανία και σύντομα θα ταλανίζει και την Ελλάδα.

Αυτό δεν αρκεί όμως ...

Χρειάζεται η διαμόρφωση μιας ξεκάθαρης αντιμνημονιακής πολιτικής, βασισμένης επάνω στη αναδιαμόρφωση του συντάγματος, σε συγκριμένα μέτρα κοινωνικών μεταρρυθμίσεων, ρύθμιση του ιδιοκτησιακού καθεστώτος των τραπεζών, έλεγχο των ιδιωτικοποιήσεων, προστασία της πρώτης κατοικίας των χαμηλών εισοδημάτων, σε συνεργασία με το σοσιαλιστικό κόμμα , καθώς από ότι φαίνεται το καινούργιο πολιτικό κύημα, που ακούσει στο όνομα Ciudadanos, κραδαίνει πάνω σε φιλελεύθερες ιδέες (αδελφό κόμμα με το ελληνικό «Ποτάμι») και δεν αποτελεί παρά μια εκλογική σφήνα του συστήματος για να αποκόψει την δύναμη των Podemos.

Και ναι, έτσι μπορεί να υλοποιηθεί το ξεκάθαρο μήνυμα που έδωσε ο λαός : ΤΕΡΜΑ ΣΤΗΝ ΛΙΤΟΤΗΤΑ και να αρχίσει να αποκτά ο Νότος σιγά σιγά, αθροιστικά πολιτική οντότητα απέναντι στον Βορρά.

Διαφορετικά ο επόμενος τρόπος θα είναι η άνοδος σκληρών ακροδεξιών δυνάμεων , που σίγουρα δεν θα ασκήσουν Δημοκρατία για να αντιμετωπίσουν τη λιτότητα, αλλά στο τέλος θα την νικήσουν.

Αυτές είναι οι άλλες επιλογές που αφήνει στο λαό η τρομοκρατία που δέχεται από τα συστήματα του μετεξελιγμένου φιλελευθερισμού ή αλλιώς νεοφιλελευθερισμού, η άσκηση τρομοκρατίας απέναντι στην τρομοκρατία...

48) ΔΙΑΛΕΞΗ - ΕΜΠΟΡΟΒΙΟΜΗΧΑΝΙΚΟ ΕΠΙΜΕΛΗΤΗΡΙΟ ΠΕΙΡΑΙΑ 13/12/2015

ΕΙΝΑΙ Η ΚΡΙΣΗ ΒΙΩΣΙΜΗ ; ΕΙΝΑΙ ΤΟ ΧΡΕΟΣ ΒΙΩΣΙΜΟ ; ΕΙΝΑΙ ΤΟ ΕΥΡΩ ΒΙΩΣΙΜΟ; ΠΟΙΕΣ ΤΟΛΜΗΡΕΣ ΑΛΛΑΓΕΣ ΠΡΕΠΕΙ ΝΑ ΓΙΝΟΥΝ ΣΕ ΕΛΛΑΔΑ ΚΑΙ ΕΥΡΩΠΗ;

Να καλησπερίσω και να ευχαριστήσω όλους τους φίλους που βρίσκονται σήμερα

εδώ για να συνθέσουμε μαζί προτάσεις και λύσεις απέναντι στα προβλήματα που αντιμετωπίζει η χώρα μας. Οι ομιλίες θα είναι σύντομες προκειμένου να δοθεί βήμα σε όλους και το think tank που θα διαμορφωθεί, να ακουμπάει επάνω στην ελληνική πραγματικότητα.

Και περνάω κατευθείαν στην ουσία:

ΕΙΝΑΙ Η ΚΡΙΣΗ ΒΙΩΣΙΜΗ;

Θα σας διαβάσω μερικά στατιστικά στοιχεία για να είναι αυταπόδεικτα τα συμπεράσματα που θα βγάλουμε. Στην Ελλάδα λοιπόν που:

-Αντιμέτωποι με τον κίνδυνο της φτώχειας και του κοινωνικού αποκλεισμού βρίσκονται περισσότεροι από 3 στους 10 Έλληνες.

-Σύμφωνα με σχετική έκθεση της Ευρωπαικής Επιτροπής για την απασχόληση και τις κοινωνικές εξελίξεις το 2014, η Ελλάδα συγκαταλέγεται μεταξύ των κρατών-μελών, όπου το ποσοστό του πληθυσμού το οποίο βρισκόταν στα όρια της φτώχειας το 2008 (28,1%) αυξήθηκε επικίνδυνα, κατά τη διάρκεια της κρίσης, σε 35,7% το 2013. Και αντίστοιχα, παρατηρήθηκε αύξηση του ποσοστού των Ελλήνων που αντιμετωπίζουν σοβαρό πρόβλημα στη χρήση βασικών αγαθών, από 11,2% το 2008, σε 20,3% το 2013.

-Η μακροχρόνια ανεργία αυξήθηκε από 3,7% το 2008, σε 18,6% το 2013 και το ποσοστό απασχόλησης στον οικονομικά ενεργά πληθυσμό (25-64 ετών) μειώθηκε την ίδια περίοδο από 61,9% σε 49,3%. Και θα πρέπει να τονίσουμε εδώ ότι το ποσοστό της ανεργίας συνολικά που παρουσιάζεται σήμερα σύμφωνα με τα Ευρωπαικά στοιχεία στο 27% είναι πλαστό διότι δεν συμπεριλαμβάνει τους άνεργους που προέρχονται από ελεύθερους επαγγελματίες, επιχειρηματίες, που έκλεισαν τις επιχειρήσεις τους κατά την διάρκεια της τελευταίας πενταετίας. Αν αυτό συνυπολογιστεί τότε η ανεργία ακουμπάει το 40%.

Το ίδιο φαινόμενο, σχετικά με την ανεργία, παρουσιάσθηκε και σε άλλες χώρες όπως η Ισπανία, Λιθουανία και η Ιρλανδία.

Σύμφωνα πάλι με την ίδια έρευνα, η Ελλάδα καταλαμβάνει, μαζί με την Ισπανία, την Ιρλανδία, την Ιταλία και την Ουγγαρία την πρώτη θέση σε επίπεδο φτώχειας, στην Ευρωπαϊκή Ένωση, ενώ οι χώρες που αποδείχθηκαν περισσότερο ανθεκτικές στην οικονομική κρίση, εμφανίζονται να είναι οι χώρες που παρείχαν υψηλής ποιότητας απασχόληση και αποτελεσματική κοινωνική προστασία, επενδύοντας στις κοινωνικές μεταρρυθμίσεις.

Άρα λοιπόν πρώτο συμπέρασμα, για να ξεπεραστεί η οικονομική κρίση η επένδυση στις κοινωνικές μεταρρυθμίσεις είναι αναγκαία και απαιτητή συνθήκη.

- Σύμφωνα με άλλη έκθεση που δημοσίευσε η Unicef το φθινόπωρο του 2014, η παιδική φτώχεια έχει αυξηθεί σε 23 από τις 41 πλουσιότερες χώρες του κόσμου, από το 2008. Ανάμεσά τους και η Ελλάδα, η οποία έρχεται πρώτη, (με ποσοστό 40,5% από 23% το 2008),μαζί με την Ισλανδία, καταγράφοντας μία ακόμη αρνητική πρωτιά. Έπονται η Λετονία (μαζί με την Ισπανία, με ποσοστά πάνω από 36%), η Κροατία και η Ιρλανδία.

Περισσότερα από 686.000 παιδιά ζουν σε κίνδυνο φτώχειας ή κοινωνικού αποκλεισμού στη χώρα μας, ενώ περίπου 100.000 παιδιά εγκαταλείπουν το σχολείο για να εργαστούν.

Και συνεχίζω:

Στην Ελλάδα που :

-το 35% περίπου των επιχειρήσεων έκλεισαν την τελευταία πενταετία

-οι παραγωγικοί και μεταποιητικοί τομείς έχουν συρρικνωθεί

129

-έχει υποστεί μέχρι σήμερα περίπου 30% μείωση του ΑΕΠ της

-έχει υποστεί περίπου 35-38% μείωση στους μισθούς

-έχει υποστεί 45% μείωση στις συντάξεις

-έχει υποστεί 30% μείωση του οικογενειακού εισοδήματος

-καταγράφονται 2 αυτοκτονίες την ημέρα και δεν γνωρίζουμε σε τι αριθμό θα φθάσουν με τους πλειστηριασμούς της πρώτης κατοικίας εν όψει…

Άρα δεύτερο συμπέρασμα: σε αυτή την Ελλάδα όχι ή κρίση , η κοινωνία η ίδια δεν είναι βιώσιμη…

Και για να περάσουμε πιο συγκεκριμένα στον ορισμό:

Βιώσιμη είναι μια <u>κοινωνία</u> που μπορεί να υπάρχει για γενεές και γενεές, γιατί πολύ απλά δεν υπονομεύει ούτε τα φυσικά, ούτε τα <u>κοινωνικά</u> της υποστηρικτικά συστήματα.

Κάτι που σαφώς δεν ισχύει σήμερα.

Βιώσιμη είναι η ανάπτυξη όπου οι αναπτυξιακές πολιτικές οδηγούν σε αυξανόμενα και διατηρήσιμα επίπεδα ευημερίας γιατί ως ανάπτυξη ορίζεται η αύξηση της οικονομικής ευημερίας που απολαμβάνει ο λαός μιας χώρας κατά μια συγκεκριμένη χρονική περίοδο. Σημαντικότερος δείκτης δε της ανάπτυξης είναι ο μακροχρόνιος ρυθμός αύξησης του κατά κεφαλή ΑΕΠ, καθώς και οι δείκτες που σχετίζονται με το επίπεδο υγείας, μόρφωσης και μακροβιότητας.

Κανένας όμως από αυτούς τους δείκτες όχι μόνο δεν ικανοποιήθηκε στην Ελλάδα των «μεταρρυθμίσεων», αλλά μειώθηκε δραστικά όπως συμβαίνει συνήθως σε συνθήκες πολέμου…

Άρα τρίτο συμπέρασμα, τα μέτρα που λαμβάνονται προκειμένου να υπάρξει πρωτογενές πλεόνασμα και να γίνει βιώσιμο το χρέος βασίζονται σε εξωπραγματική προσαρμογή των εσόδων, εφόσον δεν απηχούν κοινωνικά και αναπτυξιακά την Ελλάδα.

Οι μεταρρυθμίσεις για να έχουν ουσιαστική ωφέλεια και να τιμούν το όνομα τους στην οικονομική επιστήμη, θα πρέπει να συνιστούν μέτρα παραγωγικής αναδόμησης που θα δίνουν αναπνοή στην ανάπτυξη, καθώς και στην

κοινωνική οικονομία. Όλα αυτά αποδεικνύουν *πως ουδέποτε υπήρξε στο πρόγραμμα, η χώρα να σταθεί στα πόδια της* . Η Ελλάδα απλά βρισκόταν υπό το καθεστώς ελεγχόμενης πτώχευσης μέχρι την τελική της πτώση.

Και άρα τέταρτο συμπέρασμα, η φούσκα αυτή των μεταρρυθμίσεων εφαρμόσθηκε, για να έχουν λόγο ύπαρξης τα ξένα κυριαρχικά συμφέροντα στη χώρα και να διατηρείται το καθεστώς κατοχής και εκμετάλλευσης των πόρων της χώρας.

Για πάμε να δούμε τώρα αν το χρέος είναι βιώσιμο:

Το χρέος όχι μόνο δεν είναι βιώσιμο, αλλά είναι παράνομο και καταχρηστικό…
Όμως θα αφήσω να τα πει όλα ο πλέον ειδικός στη συνέχεια, ο Γεώργιος Κασιμάτης που έχουμε την χαρά και την τιμή να είναι ο κεντρικός προσκεκλημένος της εκδήλωσης.

Για πάμε να δούμε όμως τώρα αν είναι το ευρώ βιώσιμο;

Και για να πιάσουμε τα πράγματα από την αρχή:

Είναι άραγε σωστή η διλημματική προοπτική εντός ή εκτός ευρώ, ή απλά εξυπηρετεί ανάγκες επιβίωσης φθαρμένων πολιτικών μορφωμάτων, που έχουν δημιουργηθεί μέσα στην Ευρωπαϊκή Ένωση και εξυπηρετούν συγκεκριμένα οικονομικά και πολιτικά καρτέλ;

Κι αν ισχύει το δεύτερο, τότε μπορεί οι αιτίες να κρύβονται :

-στην ελλειμματική δομή της Ευρωπαϊκής Ένωσης;

-στην έλλειψη μιας ισχυρής πολιτικής προσωπικότητας, που δεν θα εκτελεί απλά θεσμικά, αλλά θα οραματίζεται μια δικαιότερη Ευρώπη, μια Ευρώπη των λαών και όχι μια Ευρώπη των τραπεζών;
Σήμερα από την Ευρώπη λείπει, η μελέτη, το πρόγραμμα εκείνο, το οποίο θα εξελίξει τη δομή της, με βάση τις ανάγκες των κρατών μελών της, σε ένα ισότιμο άξονα διαχείρισης των συναλλαγών τραπεζικών, εμπορικών και κοινωνικών.

Σήμερα από την Ευρώπη λείπει, μια ενιαία ομοσπονδιακή πολιτική σε κοινωνικοοικονομικό και δημοσιονομικό επίπεδο.

Σήμερα από την Ευρώπη λείπουν καινούργιες οικονομικές θεωρίες-προγράμματα, που θα συμπεριλαμβάνουν τις ανθρωπογεωγραφικές ιδιαιτερότητες των εθνών, ως απαραίτητα συστατικά στοιχεία, για την διαιώνιση του Ευρωπαικού ιδεώδες. Η Ευρωπαική οντότητα μπορεί να κρατηθεί ζωντανή, μόνο αν εξυπηρετεί έθνη και όχι κράτη με αλλοιωμένες εθνικές συνειδήσεις.

Σήμερα από την Ευρώπη λείπει, ένας ισχυρός ηγέτης, που θα μπορεί να διαπραγματεύεται, με κάθε χώρα, με βάση το όραμα της κοινωνικής και οικονομικής ειρήνης.

Η περίοδος εκείνη που θριάμβευε ο μονεταρισμός ή αλλιώς φιλελευθερισμός και νεοφιλελευθερισμός έχει κλείσει οριστικά και έχει αφήσει πίσω της μόνο συντρίμμια κρατών, που προσπαθούν ενεργοποιήσουν τη Δημοκρατία τους, προκειμένου να σταθούν στα πόδια τους.

Η γρήγορη και προχειροφτιαγμένη θέσπιση του ευρώ, που άφησε πίσω του ο μονεταρισμός, προκειμένου να οικοδομήσει μια Νομισματική Ένωση μια Νομισματική Ευρώπη και όχι μια Ευρώπη των λαών, κατέλυσε και τους θεσμούς και τις δικλείδες ασφαλείας του πολιτεύματος της Δημοκρατίας.

Άρα λοιπόν δεν τίθεται δίλημμα για «Ναι ή Όχι στο Ευρώ». Τίθεται δίλημμα σχετικά με το ποιό Ευρώ θέλουμε. Γιατί το ενιαίο νόμισμα πρέπει να είναι το επιστέγασμα μιας πολιτικής, οικονομικής και δημοσιονομικής ένωσης η οποία δεν υφίσται.

Η Ελληνική κρίση, ουσιαστικά, αποτελεί μια κρίση των θεσμών της Ενωμένης Ευρώπης, καθώς και του ευρώ. Οι οικονομικές εξελίξεις στις διεθνείς αγορές έπληξαν τον πυρήνα του ευρώ και οδήγησαν σε κρίση τις στρατηγικές εξουσίας, που παρήγαγαν το ευρώ των δύο και τριών ταχυτήτων.

Η συμβίωση χωρών με διαφορετικά επίπεδα ανάπτυξης, διαφορετικό κόστος ζωής και διαφορετικά εισοδήματα, οδηγεί εκ των πραγμάτων σε πολύ διαφορετικούς ρυθμούς μεγέθυνσης της κάθε τοπικής οικονομίας, με αποτέλεσμα οι φθίνουσες οικονομίες να μην μπορούν να παρακολουθήσουν την εξέλιξη των υπόλοιπων.

Μια ενοποίηση κρατών, είτε πρέπει να έχει ομοσπονδιακό χαρακτήρα, ή να υπακούει σε ένα πιο εξελιγμένο μοντέλο, που θα επιτρέπει την αυτονομία των μελών με εθνικές εξουσίες, αλλά με ενιαίο σύνταγμα και ενιαία οικονομία.

Μια τέτοια επεξεργασία του θεσμού της Ενωμένης Ευρώπης, θα μπορούσε να περιορίσει τα χάσματα και τις κακές διαφορετικότητες ανάμεσα στον τρόπο ζωής των λαών και να διασφαλίσει το δικαίωμα για ίση κοινωνική μεταχείριση, ίση κοινωνική ευθύνη.

Για να δούμε όμως γιατί συμβαίνει αυτό:

Η ποσοτική αξία του ευρώ προσδιορίζεται σε απόλυτους αριθμούς και ανεξάρτητα από τις μεταβλητές που διέπουν τη συνθήκη. Κατά αυτή την έννοια λοιπόν, το ευρώ αποτελεί ένα ισότιμο νόμισμα.

Όταν το εξετάσει κανείς ποιοτικά όμως, που σημαίνει ότι συμπεριλαμβάνει και άλλες μεταβλητές, όπως το κόστος ζωής σε κάθε χώρα μέλους της Ευρωζώνης ,τότε οι εξισωτικές παραστάσεις αρχίζουν να παίρνουν άλλη μορφή.

Για παράδειγμα το κόστος ζωής, οι ασφαλιστικές και κοινωνικές παροχές καθώς και οι μισθοί και οι συντάξεις στην Γερμανία, στην Ολλανδία ή γενικότερα στην βόρεια Ευρώπη έχουν τελείως διαφορετική μαθηματική αξία από ότι στην Ελλάδα.

Άρα για να ακριβολογούμε στον υπολογισμό της αξίας του ευρώ, θα πρέπει να καταλήξουμε σε ένα μοντέλο, όπου οι μεταβλητές, παράγοντες δηλαδή που επηρεάζουν, θα πρέπει να λογίζονται το κόστος ζωής, οι παροχές του κράτους και φυσικά οι μισθοί των εργαζομένων και οι συντάξεις των γηραιότερων πολιτών.

Στην προκειμένη περίπτωση, το κόστος ζωής τείνει να είναι αν όχι μικρότερο, τουλάχιστον ίσο της Βόρειας με της Νότιας Ευρωζώνης, διότι τα προιόντα στο Ευρωπαικό Βορρά πωλούνται φθηνότερα με την μέθοδο της επαναξαγωγής (αγοράζονται πολύ φθηνά από το Νότο και επαναξάγωνται αλλού) , οι κοινωνικές παροχές είναι αδιαπραγμάτευτα μεγαλύτερες και καλύπτουν πλήρως το μέσο πολίτη ενώ οι μισθοί κατατάσσονται τουλάχιστον στο τριπλάσιο σε σχέση με τον Ευρωπαικό Νότο και ειδικότερα με την Ελλάδα. Η ανεργία, λόγω της πλεονασματικής οικονομίας, δεν αποτελεί πρόβλημα σε αντίθεση με το Νότο. Αυτό σημαίνει ελάχιστη συρρίκνωση της καταναλωτικής δύναμης και δυνατή ανακύκλωση του χρήματος στην οικονομία των Βόρειων χωρών, ενώ τα επιτόκια δανεισμού καθίστανται τουλάχιστον πιο προσιτά και ευνοούν περισσότερο την επιχειρηματικότητα και κατά συνέπεια την ανάπτυξη σε σχέση με το Νότο.

Όλες αυτές οι μεταβλητές είναι αυτές που προσδιορίζουν ουσιαστικά την αξία και την νομισματική διαφορά του ευρώ και κατά συνέπεια την ποιοτική διαφορά από χώρα σε χώρα της Ευρωζώνης.

Η ποιοτική διαφορά καταλήγει ουσιαστικά στην αγοραστική διαφορά. Επί παραδείγματι Ο περίπου τριπλάσιος βασικός μισθός στην Γερμανία, από ότι στην Ελλάδα, δεν αγοράζει τα ίδια αγαθά, που αγοράζει ο μισθός στην Ελλάδα για ένα νοικοκυριό.

Κι όμως οι διατροφικές και λοιπές βασικές ανάγκες παραμένουν ίδιες και για τα δύο νοικοκυριά, ενώ το κόστος ζωής παραμένει κι αυτό το ίδιο, αν όχι μικρότερο. Άρα λοιπόν, το μέσο νοικοκυριό στη Γερμανία μπορεί να αγοράσει τριπλάσια αγαθά, κατά αναλογία, από ότι ένα αντίστοιχο Ελληνικό και έτσι έχουμε να αντιμετωπίζουμε δύο ευρώ τελείως διαφορετικής αξίας, για τον καλούμενο Ευρωπαίο Πολίτη.

Και αυτό ακριβώς είναι το πρόβλημα...

Άρα συμπέρασμα πέμπτο : Έχουμε να κάνουμε με ένα υποτιμημένο νόμισμα το οποίο δεν αποδίδει περισσότερα οφέλη στις χώρες που το χρησιμοποιούν από τα οφέλη που αντίστοιχα απολάμβαναν χρησιμοποιώντας το δικό τους νόμισμα.

Αντιθέτως ευνοεί τις εισαγωγές των μεγάλων πολυεθνικών στα κράτη μέλη, συρρικνώνει του παραγωγικούς και μεταποιητικούς τους τομείς και απομυζά τα κέρδη, τα οποία δεν ανακυκλώνονται στην ίδια αγορά για να τονώσουν την καταναλωτική δύναμη της αγοράς.

Οι εισαγωγές των προιόντων είναι εκείνες που ρυθμίζουν τις τιμές των προιόντων στις αγορές, είναι εκείνες, που όταν υπερέχουν των εξαγωγών, δημιουργούν το εμπορικό έλλειμμα, είναι εκείνες που προκάλεσαν την κρίση. Κι αυτές όμως είναι υποκείμενο του ρυθμού ανάπτυξης των παραγωγικών τομέων μιας χώρας.

Άρα συμπέρασμα έκτο η λύση κρύβεται στην προώθηση των ρυθμών ανάπτυξης ελλειμματικών οικονομιών, όπως η Ελλάδα και αυτό θα συμβεί με την ενίσχυση των παραγωγικής της κλάδων και των μικρομεσαίων επιχειρήσεων, που αποτελούν την ραχοκοκαλιά της Ελληνικής οικονομίας. Έτσι θα μειωθούν οι εισαγωγές, έτσι θα αυξηθούν οι μισθοί, έτσι θα μειωθεί η ανεργία.

Οι μέθοδοι προώθησης συνίστανται, σε διακρατικές συμφωνίες επένδυσης των πλεονασμάτων των εύρωστων χωρών, στην απορρόφηση των προιόντων των παραγωγικών τομέων των ελλειμματικών χωρών, σε Ευρωπαικά προγράμματα που θα συνάδουν με την δομή της μικρομεσαίας επιχείρησης , σε προνομιακή φορολόγηση και σε κίνητρα αγοράς εργασίας και στην βελτίωση του χρηματοπιστωτικού συστήματος.

Η λύση στο πρόβλημα λοιπόν, είναι να προβεί η Ευρωπαϊκή Ένωση στην μετατροπή της αδυναμίας σε ευκαιρία ανάδειξης και υποστήριξης των κατά τόπους ελλειμματικών οικονομιών, έτσι ώστε τόσο η Ενωμένη Ευρώπη όσο και η συναλλαγματική αρχή το ευρώ δηλαδή, να έχουν μαθηματικά μετρήσιμο αποτέλεσμα και για τις υπόλοιπες χώρες μέλη.

Αυτό θα συμβεί με το σχεδιασμό ενός πραγματικά αναπτυξιακού πλάνου και όχι μέσω της υποθήκευσης της εθνικής περιουσίας των κρατών ή των πολιτών τους, όχι μέσω του κλεισίματος των επιχειρήσεων και σίγουρα όχι μέσω της πρόχειρης λύσης των χαμηλών κοστολογίων , τις λεγόμενες περικοπές , αλλά μέσω της επένδυσης των πλεονασμάτων και της αυστηρής επιτήρησης του χρηματοπιστωτικού συστήματος.

Έτσι θα μετατραπεί η κρίση από ιδεολογική σε πρακτική, και κατά συνέπεια διαχειρίσιμη, αλλιώς το οικοδόμημα της Ενωμένης Ευρώπης θα καταρρεύσει προοπτικά, διότι τα υπόλοιπα μέλη της οικογένειας του συστήματος, δεν θα μπορούν να ανταποκριθούν στην πελατειακή σχέση, που έχουν αναπτύξει μεταξύ τους. Όλες οι οικονομίες πλέον, θα καταλήξουν εξελικτικά τόσο ελλειμματικές, που θα αδυνατούν να συντηρήσουν τα εν οίκω, πόσο μάλλον τις εισαγωγές τους, από τα πιο εύρωστα κράτη μέλη, διότι η βάση της ευρύτερης οικονομίας δεν είναι το «ατομικό συμφέρον», όπως ορίζει το οικονομικό μανιφέστο του Άνταμ Σμίθ, αλλά το «συμφέρον του συνόλου».

Αν η Ευρώπη αδυνατεί να το πράξει αυτό όμως, εμείς θα πρέπει να σκεφθούμε εναλλακτικές λύσεις.

Για να δούμε τώρα ποιες μπορεί να είναι οι άλλες προτάσεις ή λύσεις:

Μπορεί να είναι η επιστροφή στο εθνικό μας νόμισμα;

Μπορεί να είναι η μετάβαση σε ένα παράλληλο νόμισμα;

Για να δούμε όμως τι ακριβώς είναι το παράλληλο νόμισμα;

Αν η Ελλάδα υιοθετούσε ένα παράλληλο νόμισμα το geuro, μη φεύγοντας από τη Ευρωπαϊκή Ένωση, που θα εξέδιδε το Δημόσιο για να καλύψει τις υποχρεώσεις της χώρας σε συνθήκες χρηματοδοτικής αδυναμίας, θα μετατρεπόταν σε de facto νέο νόμισμα για τις εγχώριες συναλλαγές.
Θα μπορούσε να χρησιμοποιηθεί ως μέσο συναλλαγών για ορισμένους σκοπούς (όχι όμως ως μέσο αποθήκευσης αξίας ή λογιστική μονάδα). Η ελληνική κυβέρνηση θα μπορούσε να χρησιμοποιήσει αυτό τα χρηματοδοτικό εργαλείο για να πληρώσει μισθούς και συντάξεις, οι πολίτες για να αγοράσουν προϊόντα, οι τράπεζες για να ανακεφαλαιοποιηθούν.

Με το παράλληλο νόμισμα εδραιωμένο, η Αθήνα θα μπορούσε να κηρύξει στάση πληρωμών στο δημόσιο χρέος, χωρίς να αναγκαστεί να φύγει από την Ευρωπαϊκή Ένωση.

Το νέο νόμισμα θα έχανε ένα μέρος της σημερινής του αξίας σε σχέση με το ευρώ και οι μισθοί και οι συντάξεις θα είχαν συνεπώς μικρότερη αξία. Με την τακτική αυτή όμως θα ενισχύονταν σημαντικά οι εξαγωγές, ενώ η ανάπτυξη της οικονομίας θα επέτρεπε την ανάκαμψη του geuro, που θα έφτανε σύντομα σε αξία το ευρώ.

Η κρατικοποίηση των τραπεζών, καθώς και η αδυναμία εισαγωγής προϊόντων θα οδηγούσε αναγκαστικά στην ανάπτυξη νέων τομέων στην ελληνική οικονομία με βάση τη ζήτηση και έτσι θα δημιουργούνταν σημαντικές προϋποθέσεις για την εξασφάλιση της αυτάρκειας στην κατανάλωση της εγχώριας αγοράς.

Αυτό ισχύει για τρόφιμα, καύσιμα αλλά και φάρμακα και άλλα προιόντα, που θα περνούσε πια η εκμετάλλευσή τους σε ελληνικά χέρια.

Η ελληνική γεωργία, κτηνοτροφία, αλιεία, που είναι ακόμη ζωντανές θα αποκτούσαν λόγο ύπαρξης και για την εγχώρια , αλλά και για την ξένη αγορά, ενισχύοντας τις εξαγωγές.
Κατά αυτόν τον τρόπο θα άνοιγε και η αγορά εργασίας, καθώς νέες θέσεις εργασίας θα δημιουργόνταν σε έναν πιο ενισχυμένο πια ιδιωτικό τομέα.

Η διαφορά με το ευρώ και τα σημερινά μέτρα, είναι ότι οι μισθοί και οι συντάξεις θα μειώνονταν μία φορά για να αυξηθούν κανονικά μετά, αντί να μειώνονταν σταδιακά μέχρι να επέλθει το τέλμα, η καταστροφή, που φέρνει μια ελεγχόμενη πτώχευση.

Μια τέτοια μεταβατική περίοδος, θα άνοιγε το δρόμο για περισσότερε επιλογές με το πέρας του χρόνου, που συνίστανται είτε στην επαναφορά του ευρώ αλλά με ισχυρές αξιώσεις, είτε στην υιοθέτηση ενός ισχυρού εθνικού νομίσματος με αντίκρισμα τον εθνικό πλούτο της χώρας και την αναδυόμενη οικονομία της.

Το ψευτοδίλλημα του ευρώ θα έπαυε να υφίσταται και η χώρα, θα ανέβαινε την οικονομική και κοινωνική ανιούσα, χωρίς να διακινδυνεύει ούτε την κυριαρχία της, ούτε την εθνική της περιουσία, την οποία θα χρησιμοποιούσε προς ίδια εκμετάλλευση.

Σήμερα στην Ευρώπη βιώνουμε μια γενικότερη αμφισβήτηση του νομίσματος του ευρώ και κατά συνέπεια του θεσμού της ΕΕ.

Έτσι μετά την δημιουργία του δεξιού μπλοκ στην Πολωνία και την Ουγγαρία , θα έχουμε ένα σοσιαλαριστερό μπλοκ δυνάμεων στην νότια Ευρώπη Πορτογαλία, Ισπανία, Ιταλία , που θα αμφισβητεί την πολιτική της Νομισματικής Ένωσης.

Το καρτέλ του Ευρώ θα αρχίσει να υποχωρεί εμπρός στην πίεση των κοινωνικών δυνάμεων και τότε θα αποκαλυφθούν τα πραγματικά κίνητρα ενοποίησης των λαών της Ευρώπης , που δεν είναι άλλα από τον οικονομικό και πολιτικό τους έλεγχο, από δυνάμεις που ενδεχομένως να μην ανήκουν ούτε καν στο ευρωπαικό στρατόπεδο.

Θα ήθελα επίσης να αναφερθώ σε χώρες όπως η Αγγλία που ετοιμάζεται για δημοψήφισμα το 2017 , για το να θα παραμείνει στην ΕΕ, ενώ η βάση της πλειοψηφίας του βρετανικού λαού αρνείται να υιοθετήσει το ευρώ. Για την Δανία επίσης, όπως και Ουγγαρία και Πολωνία.

Χώρες που επίσης αντιστέκονται απέναντι στην καθεστωτική συμπεριφορά της ΕΚΤ.

Την εθνική ταυτότητα των τραπεζών πρόσφατα υποστήριξε και ο ίδιος ο Σόιμπλε επιβάλλοντας αυτονομία των γερμανικών τραπεζών από την ΕΚΤ, αντιλαμβανόμενος το κίνδυνο της πολιτικής εξάρτησης που προκύπτει.

Μόλις το Σεπτέμβριο πέρασε από το γερμανικό κοινοβούλιο σχέδιο νόμου, που επιτρέπει στο υπουργείο Οικονομικών της Γερμανίας να καθορίζει τα σχέδια αναδιάρθρωσης τραπεζών, τη διαχείριση επιχειρηματικού ρίσκου και τη λήψη εσωτερικών αποφάσεων. Με τον νέο νόμο εξαιρούνται ουσιαστικά οι γερμανικές τράπεζες από τον έλεγχο της ΕΚΤ, η οποία δεν θα μπορεί πλέον να τις ελέγχει, όταν κρίνει ότι έχουν πρόβλημα φερεγγυότητας και να προχωρεί σε ανακεφαλαιοποίηση τους, όπως συμβαίνει στις υπόλοιπες χώρες στην ευρωζώνη.

Η κρίση αποτελεί σήμερα ίσως την μεγαλύτερη πρόκληση για την Ελλάδα. Ή για να αποτινάξει το ζυγό της επικυριαρχίας ξένων δυνάμεων επάνω της , ή για να χωθεί ακόμη βαθύτερη στη ανημπόρια της. Σας ευχαριστώ...

ΕΥΧΕΣ ΣΕ ΜΙΑ ΧΩΡΑ ΠΟΥ ΠΕΘΑΙΝΕΙ

Κι αν έγιναν οι καρδιές μας σύρματα που απλώνονται στον ουρανό, είναι που ξετυλίγονται τα συναισθήματα σαν παλιοί αγωνιστές. Κι ο αέρας γεμίζει από φλόγες που μεταφέρουν τη φωνή μας μέσα στην ανελέητη σιωπή. Πόσες ώρες κρατούν οι γιορτές και πόσα δευτερόλεπτα τα χρόνια που περνάνε...

Φανταχτερά κουστούμια και λαμπάκια που μυρίζουν τη φτώχεια μόνο για να μακαρίσουν του πεθαμένους. Και τα χρόνια περνάνε, με χάρτες ολόκληρους να βυθίζονται.

Στα ανοιχτά είναι θαμμένες οι ψυχές όλων μας και αναδύονται κάθε φορά που ξεθάβουν το θρήνο μας.

Ο στενός δρόμος μπροστά σου λέγεται αγώνας. Και τα παπούτσια σου γράφουν οργή. Οι κανόνες φτιάχτηκαν από κορδέλες που πρέπει να κόβονται. Να εγκαινιάζονται καινούργιες εποχές.

Οι πιστοί στο νόμο γίνονται αντάρτες, ενάντια στους παράνομους καιρούς που ζουν. Αυτό είναι το χρέος του ελεύθερου ανθρώπου...

Σωτήριο να είναι το έτος 2016 !

ΣΤΟ ΝΤΑΒΟΣ ΤΗΣ 4ης ΒΙΟΜΗΧΑΝΙΚΗΣ ΕΠΑΝΑΣΤΑΣΗΣ ΚΑΙ ΤΩΝ ΕΠΙΠΤΩΣΕΩΝ ΤΗΣ- 46ο ΠΑΓΚΟΣΜΙΟ ΟΙΚΟΝΟΜΙΚΟ ΦΟΡΟΥΜ ΣΤΟ ΝΤΑΒΟΣ

Διεξάγεται κάτω από αυστηρά μέτρα ασφαλείας, το 46ο παγκόσμιο οικονομικό φόρουμ στο Νταβός, στην Ελβετία. Στο συνέδριο θα συμμετέχουν έως το Σάββατο 2.500 σύνεδροι, πρόσωπα που λαμβάνουν τις σημαντικότερες αποφάσεις στον πλανήτη, περισσότεροι από 40 αρχηγοί κρατών και κυβερνήσεων, υπουργοί, και περίπου 2.500 ηγετικά στελέχη επιχειρήσεων.

Το Παγκόσμιο Οικονομικό Φόρουμ απέσυρε την πρόσκληση την οποία είχε στείλει στη Βόρειο Κορέα μετά την ανακοίνωσή της ότι διεξήγαγε με επιτυχία την πρώτη δοκιμή βόμβας υδρογόνου, ενώ η αντιπροσωπεία των ΗΠΑ θα είναι η μεγαλύτερη που έχει μεταβεί ποτέ στο Νταβός.

Το κυρίως θέμα του συνεδρίου είναι η τέταρτη βιομηχανική επανάσταση. Ο όρος τέταρτη βιομηχανική επανάσταση αναφέρεται στην συγχώνευση των τεχνολογιών, ειδικά στον ψηφιακό κόσμο, η οποία έχει πολύ σημαντικές επιπτώσεις στα πολιτικά, οικονομικά και κοινωνικά συστήματα.

Πιο συγκεκριμένα θα έχει σοβαρές συνέπειες σε ότι αφορά την ανεργία , καθώς επίσης και στη μεσαία τάξη.

Ρομπότ και τεχνολογία θα κοστίσουν 5 εκατ. θέσεις εργασίας» έως το 2020.

Στόχος είναι τα κυρίαρχα μοντέλα δημιουργίας πλούτου να καλύψουν τις μελλοντικές τους ανάγκες, για αυτό και επιχειρείται ένας ολοκληρωμένος μετασχηματισμός του συστήματος και όχι προσαρμογές μικρής κλίμακας πια.

Με αφορμή τους χαμηλούς ρυθμούς ανάπτυξης στην Κίνα, όπως και τις κακές επιδόσεις των χωρών με αναδυόμενη οικονομία που επιβαρύνουν την αύξηση του παγκόσμιου ΑΕΠ, τις χρηματαγορές που γνωρίζουν μια περίοδο μεγάλης μεταβλητότητας και τις τιμές του πετρελαίου και των πρώτων υλών που βρίσκονται σε πολύ χαμηλά επίπεδα, επιχειρούν μια τεχνολογική επανάσταση η οποία μπορεί να δημιουργήσει μεν νέες ευκαιρίες για οικονομική ανάπτυξη, αλλά παράλληλα, μπορεί να οδηγήσει στην διεύρυνση της ανισότητας και στην υποβάθμιση των ανθρώπινων σχέσεων.

Η τέταρτη βιομηχανική επανάσταση, που πατάει κυρίως πάνω στη μείωση του οριακού κόστους παραγωγής, και αυτή είναι κυρίαρχα η διαφορά της από την Τρίτη, θα προκαλέσει πολλά ηθικά και δεοντολογικά προβλήματα σε όλες τις χώρες.

Οι παγκόσμιες εξελίξεις όμως αναδομούν την θεματική ατζέντα του Φόρουμ, καθώς βάζουν στο τραπέζι και άλλους κινδύνους όπως τη μεταναστευτική κρίση από την αυξανόμενη επιρροή του Ισλαμικού Κράτους, τις εκλογές στις ΗΠΑ και την ενδεχόμενη έξοδο της Βρετανίας από την Ευρωπαική Ένωση , με τη διεξαγωγή δημοψηφίσματος το 2017.

Σύμφωνα με έκθεση του Διεθνούς Νομισματικού Ταμείου για τις οικονομικές συνέπειες από την αύξηση των μεταναστευτικών ροών στην Ευρώπη -The Refugee Surge in Europe: Economic Challenges, το δημοσιονομικό κόστος της Ελλάδας, το 2015, για την αντιμετώπιση της προσφυγικής κρίσης, ανήλθε στο 0,17% του ΑΕΠ (περίπου 300 εκατ. ευρώ) Ελλάδας.

Το μεγαλύτερο δημοσιονομικό κόστος το 2015 είχαν η Σουηδία (0,5% του ΑΕΠ) και η Δανία (0,47%), σύμφωνα με την έκθεση, ενώ λίγο υψηλότερες από της Ελλάδας ήταν οι δαπάνες της Γερμανίας και της Ιταλίας (0,20% του ΑΕΠ και στις δύο χώρες) καθώς και της Ολλανδίας (0,18% του ΑΕΠ). Αντίθετα, πολύ χαμηλές είναι οι δαπάνες της Ισπανίας, μόλις 0,006% του ΑΕΠ της.

Η έκθεση εκτιμά επίσης, ότι το βραχυπρόθεσμο κόστος για τη φροντίδα των αιτούντων άσυλο κατά το 2016, μπορεί να είναι σημαντικό σε ορισμένες ευρωπαϊκές χώρες.

Πιο συγκεκριμένα το ΔΝΤ υπολογίζει ότι η μέση σταθμισμένη (με βάση το ΑΕΠ) δαπάνη για τους προϋπολογισμούς των χωρών της ΕΕ μπορεί να αυξηθεί κατά 0,05% του ΑΕΠ το 2016 σε σχέση με το 2015 και κατά 0,1% του ΑΕΠ το 2016 σε σχέση με το 2014. Στην Αυστρία, οι δαπάνες εκτιμάται ότι θα φθάσουν το 0,31% του ΑΕΠ το 2016, στη Φινλανδία το 0,37% του ΑΕΠ, στη Δανία στο 0,57% του ΑΕΠ και στη Σουηδία το 1% του ΑΕΠ. Στη Γερμανία, οι δαπάνες θα φθάσουν το 2016 στο 0,24% του ΑΕΠ, όσο και στην Ιταλία, ενώ στην Ολλανδία θα είναι λίγο μικρότερες (0,23% του ΑΕΠ).

Μόνο ένα μικρό μέρος του άμεσου δημοσιονομικού κόστους καλύπτεται όμως από τον προϋπολογισμό της ΕΕ, αναφέρει η έκθεση. Τον Σεπτέμβριο του 2015, η Ευρωπαϊκή Επιτροπή πρότεινε την αύξηση το 2015-16 κατά 1,7 δισ. ευρώ στα 9,2 δισ. ευρώ των πόρων του προϋπολογισμού της ΕΕ που θα δίνονται για το προσφυγικό, με την ανακατανομή πόρων από άλλα κονδύλια του προϋπολογισμού.

Όσο για το ανθρώπινο κόστος, δεν έχει έχουν ακόμη προβλεφθεί κονδύλια από το ΔΝΤ ούτε καν για την διεξαγωγή τέτοιου είδους έρευνας...

Η μεταναστευτική κρίση αποτελεί ένα πρόβλημα κυρίαρχα ιδεολογικό, όπως και τα προβλήματα που έχουν προκύψει από την άσκηση της πολιτικής λιτότητας στην Ευρώπη.

Η έξοδος της Βρετανίας από την Ευρωπαική Ένωση, όπως πιθανότατα και άλλων χωρών , αποτελούν απλά συνέπειες της ελλειμματικής ιδεολογικής προσέγγισης στην οικονομική και κοινωνική ανάπτυξη, σε συνάρτηση με τις παρακμάζουσες αξίες για την ανθρώπινη ζωή , ιδιωτικότητα, ιδιοκτησία ατομικών και εθνικών συλλογικοτήτων.

Οι κρίσεις που απειλούν την ανθρωπότητα, είναι μεγάλες και πραγματικά αμφιβάλω αν θα αποτελέσουν αυτές το πραγματικό αντικείμενο συζήτησης στην οργανωμένη φιέστα του Νταβός , που στόχο έχει να προωθεί κυρίως οργανωμένα οικονομικά συμφέροντα.

Για αυτό και δικαιολογημένα τα μέτρα ασφαλείας...